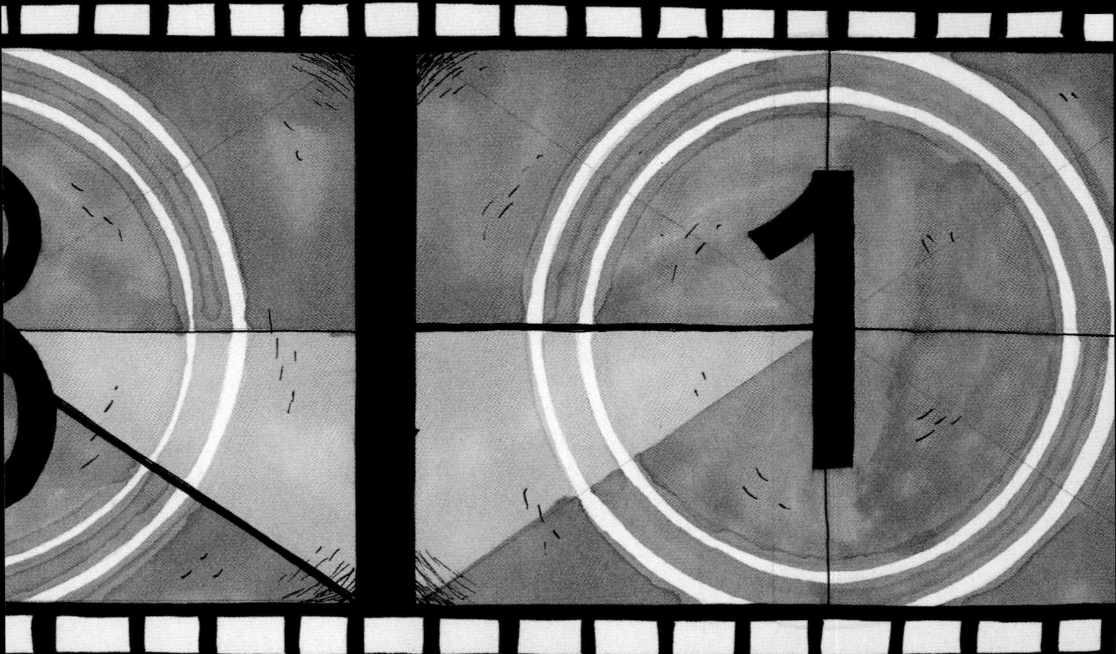
1

Quando eu tinha uns quinze ou dezesseis anos, me achava extremamente inteligente na maior parte do tempo. No resto do tempo, eu me achava extremamente idiota.

Não sei se idiota é a palavra. Ser um pateta não é igual a ser um imbecil, por exemplo. O imbecil tem mais profundidade; o pateta é mais avoado, mais feliz até. Ser um criançon tem cura; já um babaca é babaca pelo resto da vida. O burro é burro desde que nasceu, mas o idiota só é idiota de vez em quando. Isso eu dizia pra me consolar.

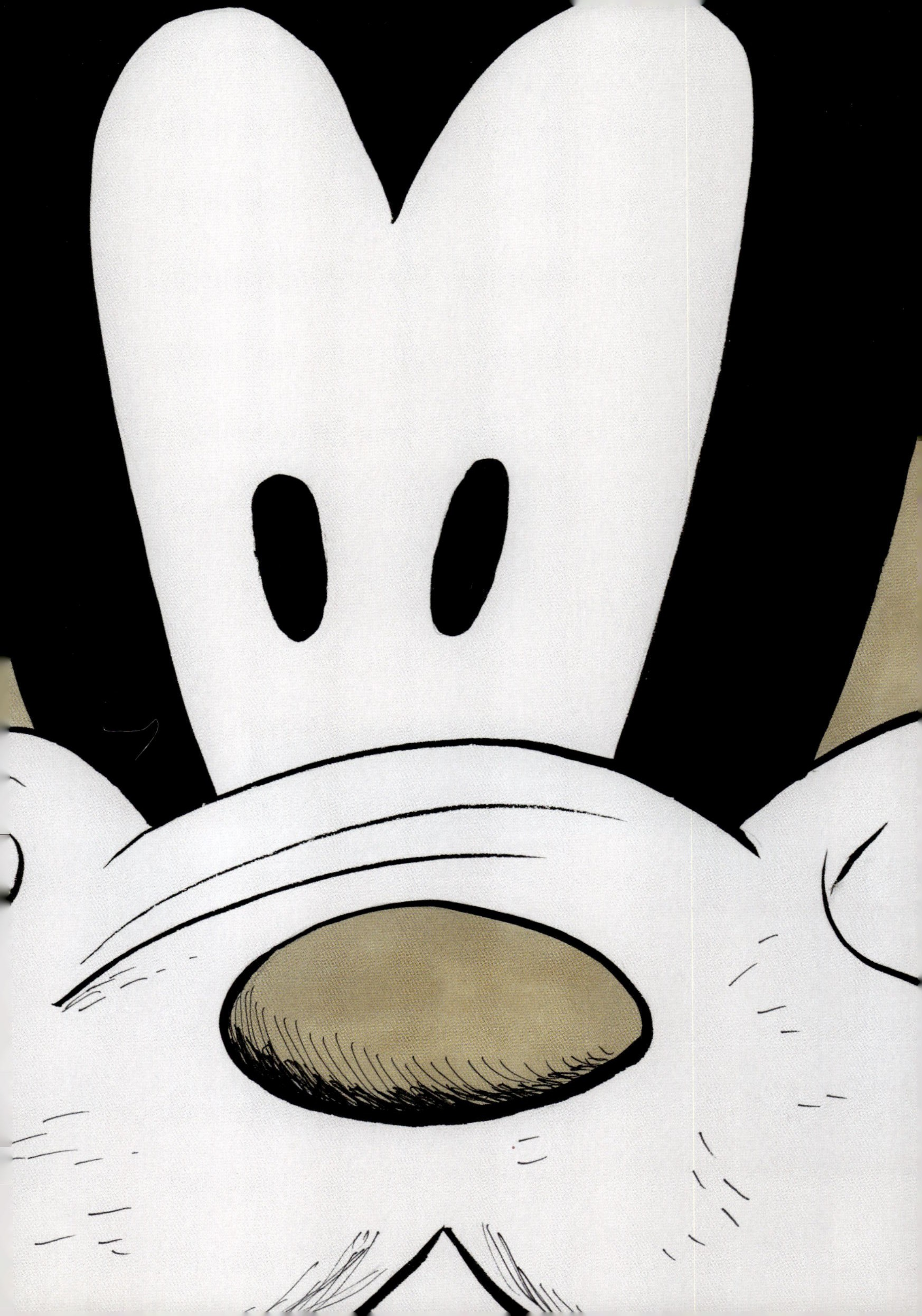

Uma das minhas atividades inteligentes era ir ao cinema. Os filmes que eu queria ver – os filmes bons, afinal – eram proibidos para menores de dezoito anos. Naquela época, 1974, 1975, a censura por faixa etária era levada bastante a sério. Os filmes podiam ser para maiores de dez, catorze, dezesseis ou dezoito anos. Não era nada fácil entrar num cinema sem ter a idade certa. Eu tinha cara de criança. Não conseguiria enganar ninguém se quisesse entrar num filme proibido. Só de tentar, já me sentiria idiota. Só de querer ver determinado filme proibido, eu me sentia inteligente. Só de não tentar, me sentia idiota também.

Em certa medida, todas as pessoas eram idiotas em 1974, 1975, no Brasil. Pelo menos eram tratadas pelo governo como idiotas, ou como crianças, o que às vezes dá no mesmo. Você pode achar que isso não mudou muito até hoje.

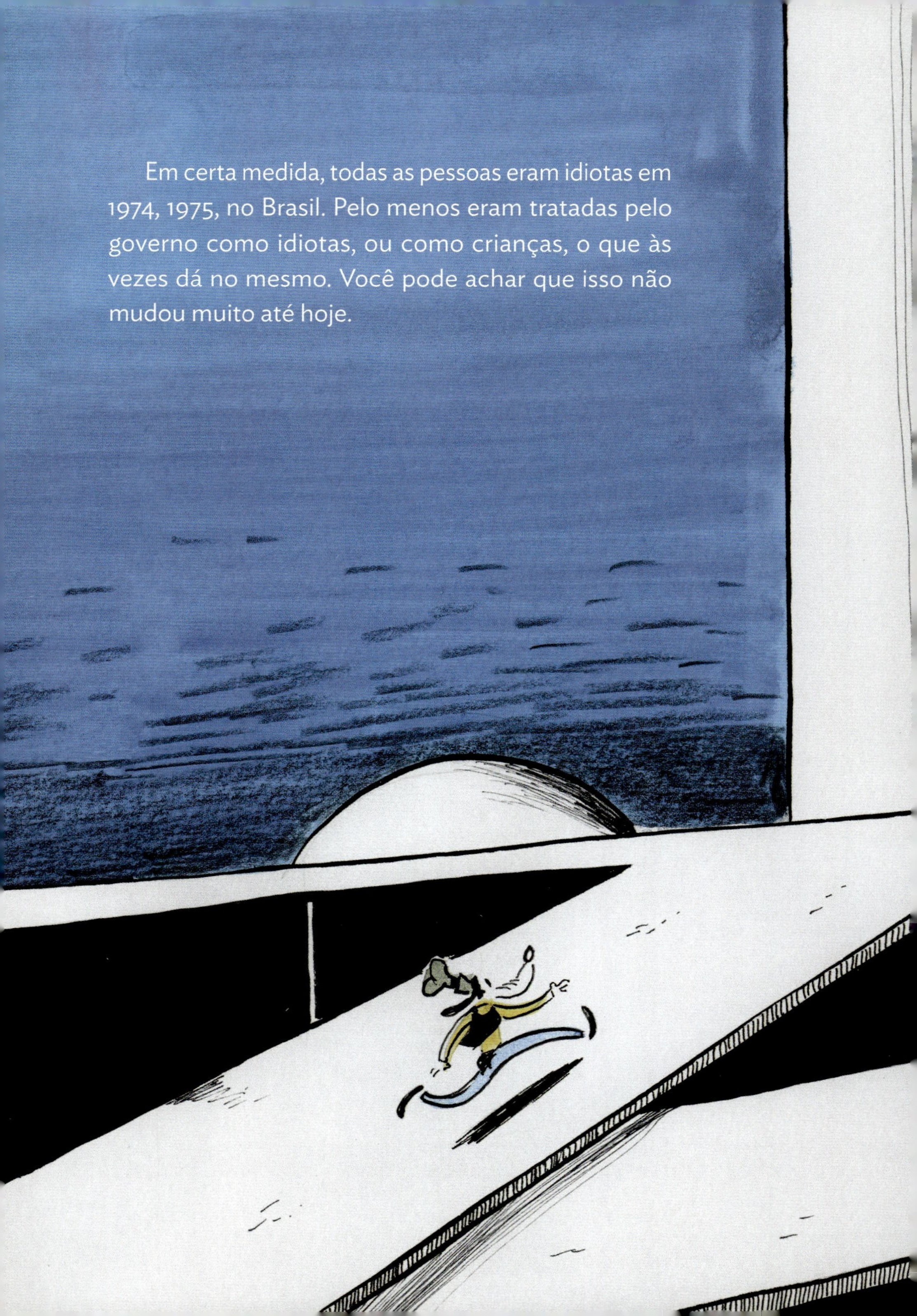

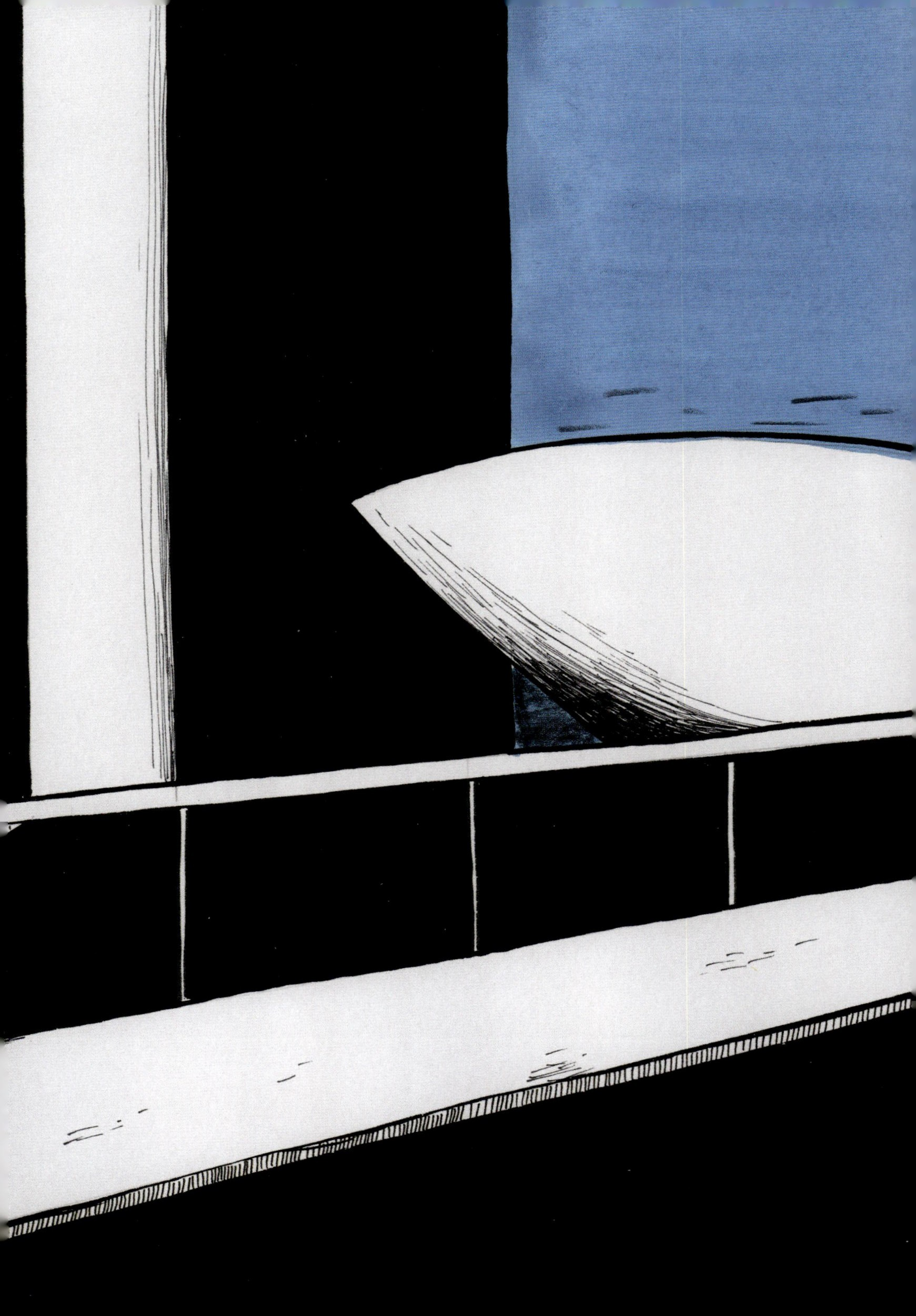

Mas era pior. Estávamos em plena ditadura militar. O governo proibia filmes mesmo para quem tinha mais de dezoito anos. Nem os adultos puderam assistir a alguns filmes importantes daquela época. *Laranja mecânica,* por exemplo. A cena da orgia entre bandidos adolescentes e uma garota nua não agradou aos censores.

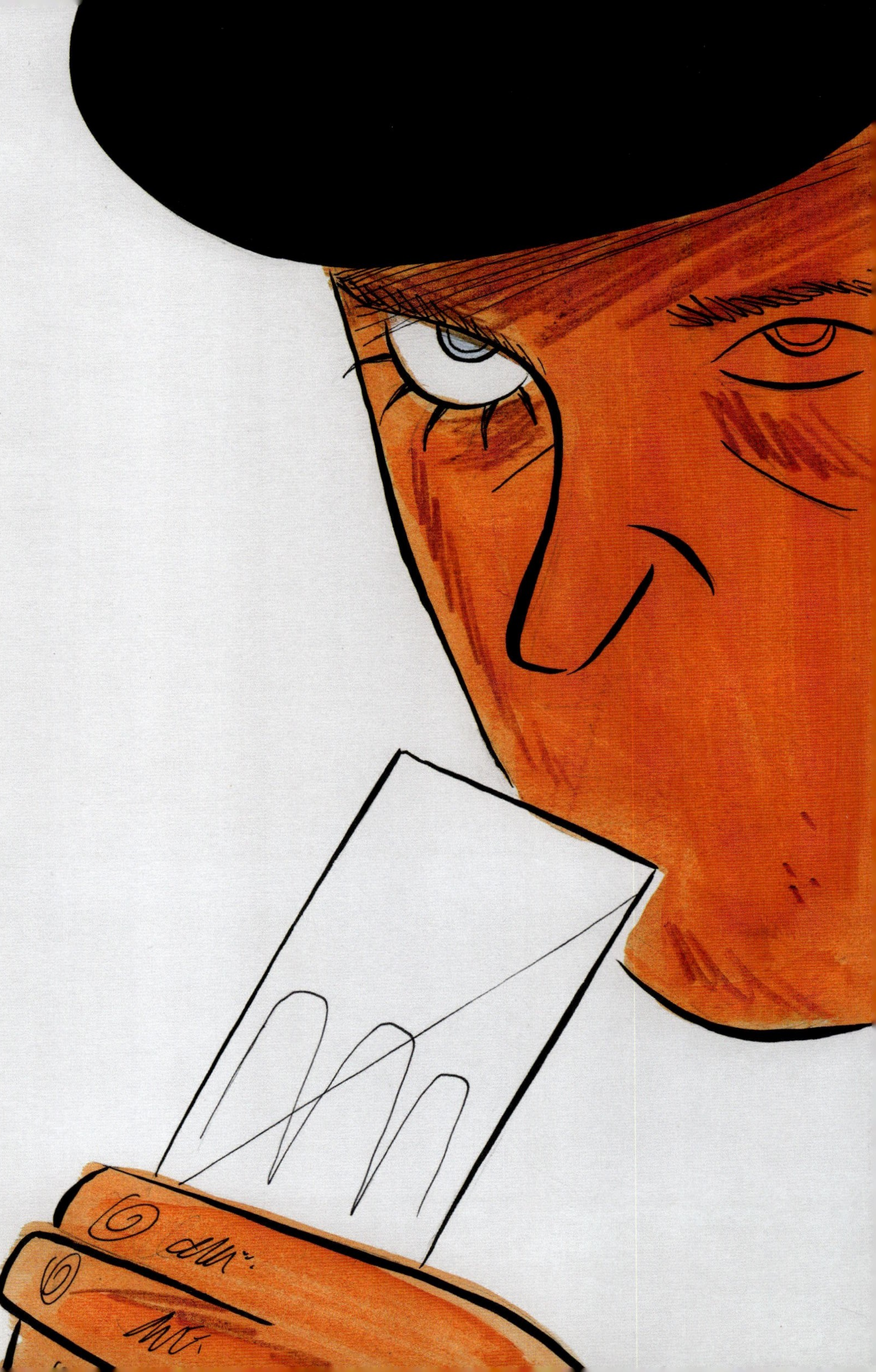

Tempos depois, o governo liberou, mas o filme teria de ser exibido com uma bolinha preta cobrindo o sexo das mulheres. A bolinha era pintada em cima de cada quadro, de cada fotograma do filme. Às vezes, o funcionário se distraía e nem todo fotograma era pintado. Assim, na tela, as mulheres às vezes apareciam com bolinha, às vezes, sem. Em outras cenas, a bolinha ficava fora do lugar; depois, tentava entrar de novo:
– Socorro! Vem cá! Onde você foi parar?
– Estou aqui, gruda em mim.
– Xi, descolei mais uma vez.

Outro filme proibido foi *O último tango em Paris*. Uns amigos do meu pai viajavam muito para a Europa e tinham visto o filme por lá. Voltaram contando vantagem.

– Sim, eu vi o último filme do Bertolucci também...

– Ah, o...

– Sim, *Le Dernier Tango*...

Pra ficar mais chique, falavam com sotaque francês:

– Le Tangô. Le Derrniê Tangô.

E o que havia no filme de tão terrível para ele ser proibido? A cena da manteiga.

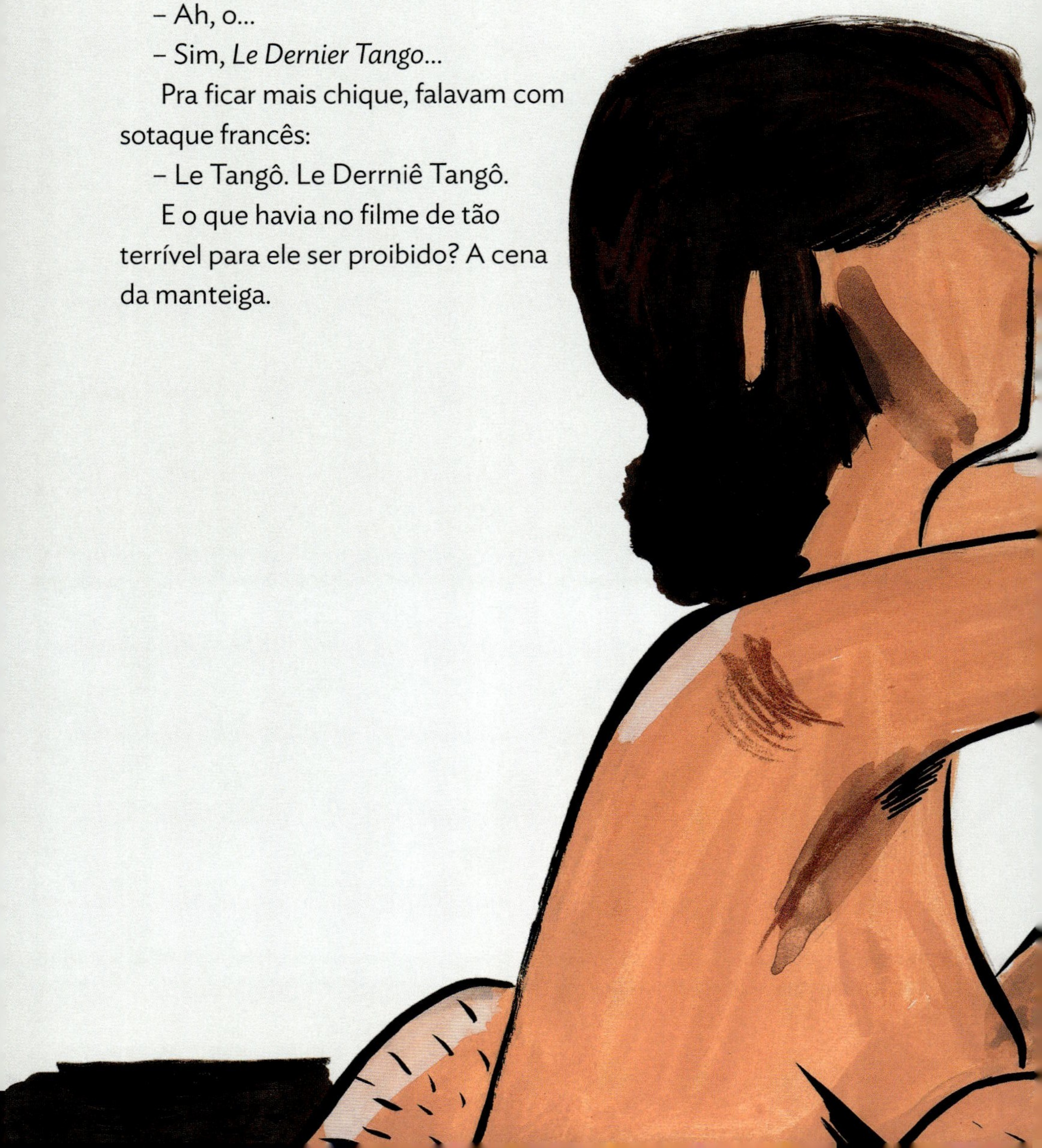

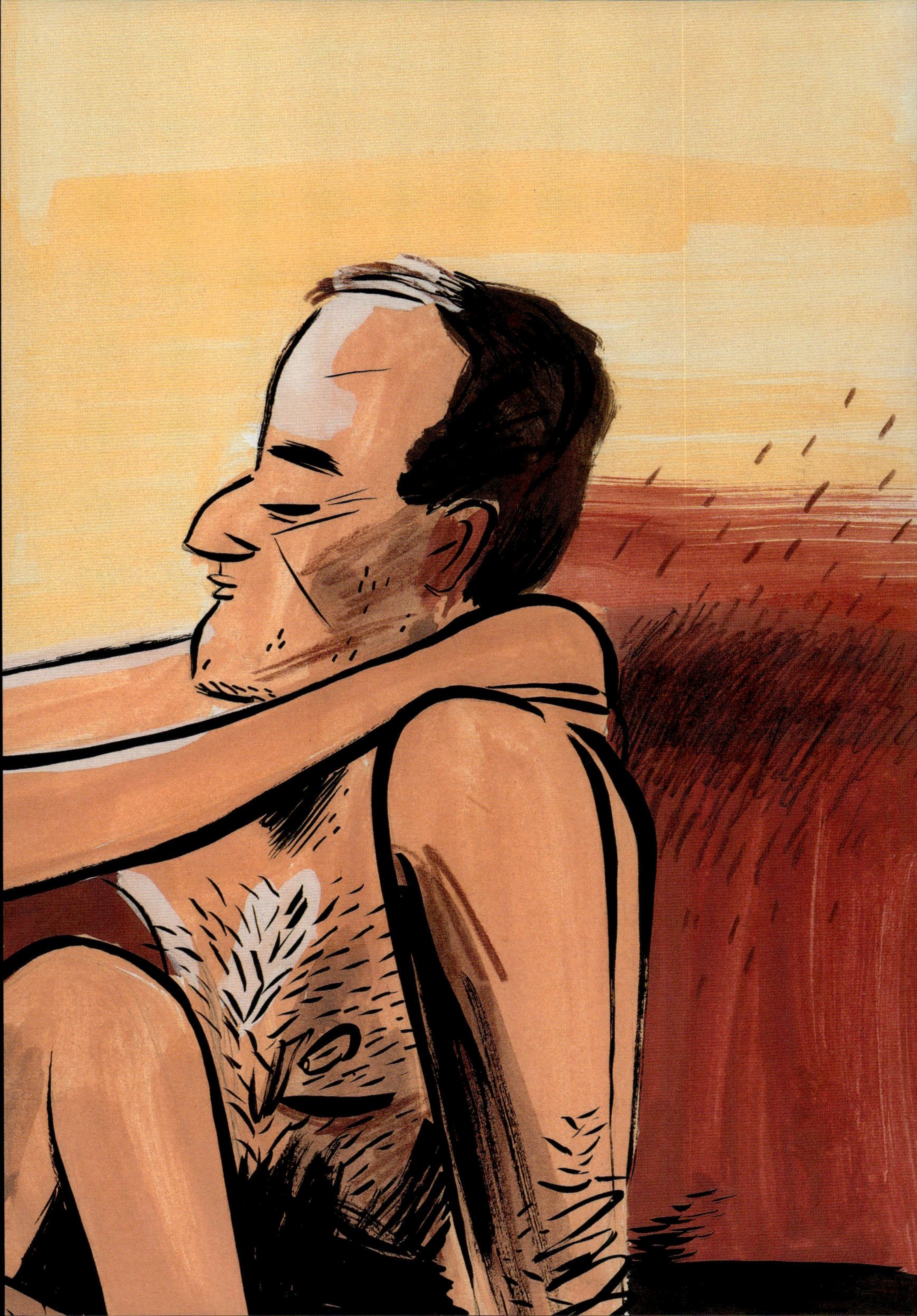

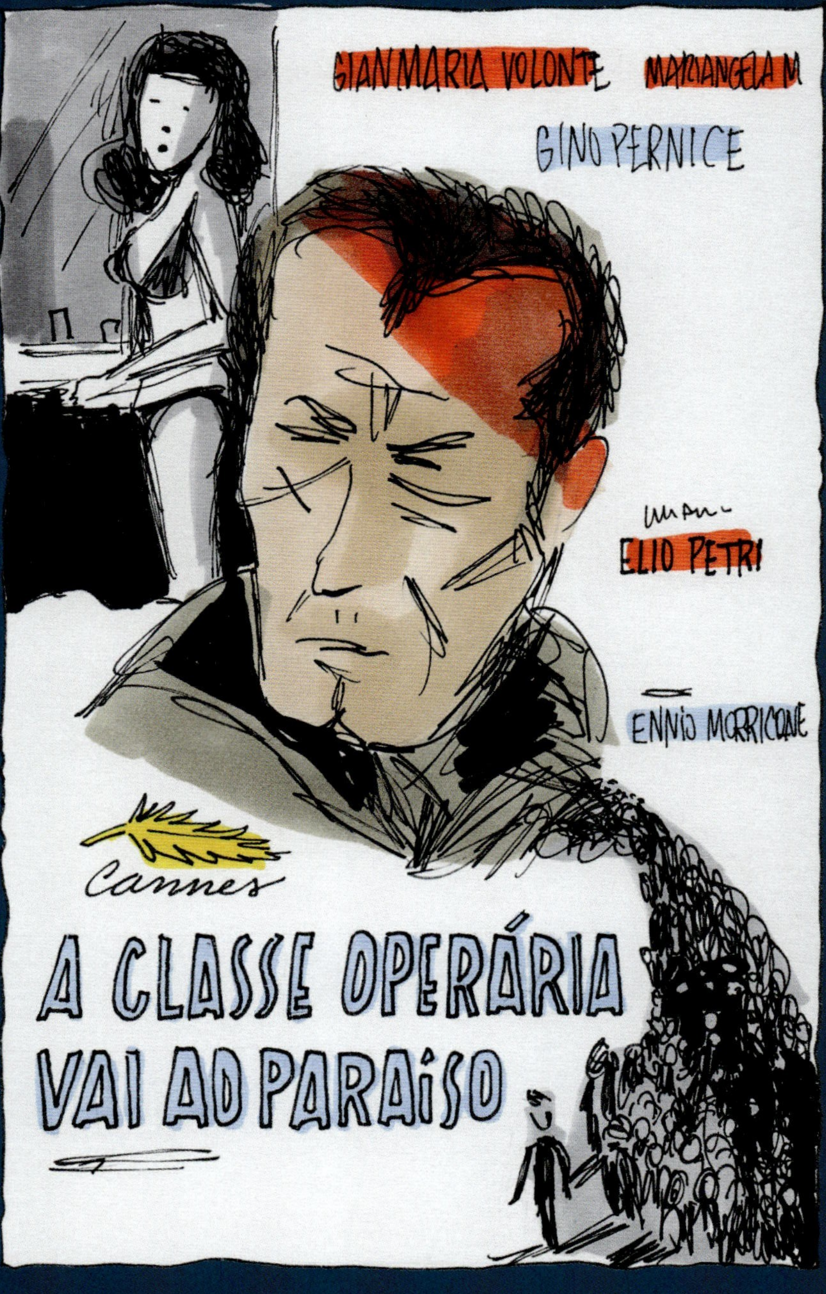
GIANMARIA VOLONTE
GINO PERNICE
ELIO PETRI
ENNIO MORRICONE
Cannes
A CLASSE OPERÁRIA
VAI AO PARAISO

Mas sexo não era a principal preocupação da censura. O problema central era política. Filmes denunciando tortura. Filmes falando de greve. *A classe operária vai ao paraíso. O caso Mattei.* Filmes falando de terrorismo, de comunismo, de sindicalismo. Proibido para crianças, adolescentes, adultos e velhos.

Como adolescente, eu enfrentava ainda as proibições "normais", as proibições "democráticas", digamos assim: filmes que a ditadura permitia aos adultos, mas que os menores de dezoito não podiam ver.

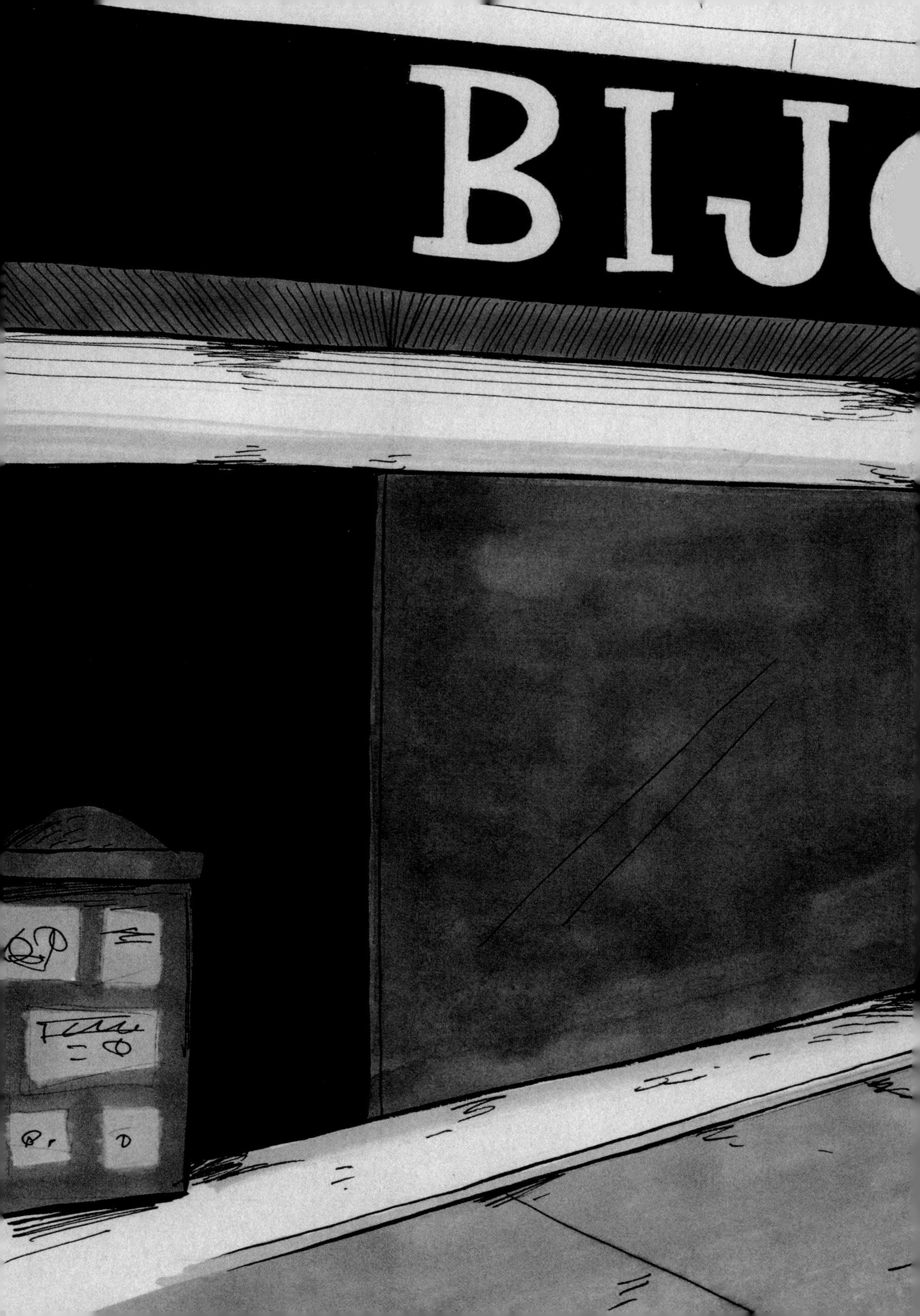
BIJ

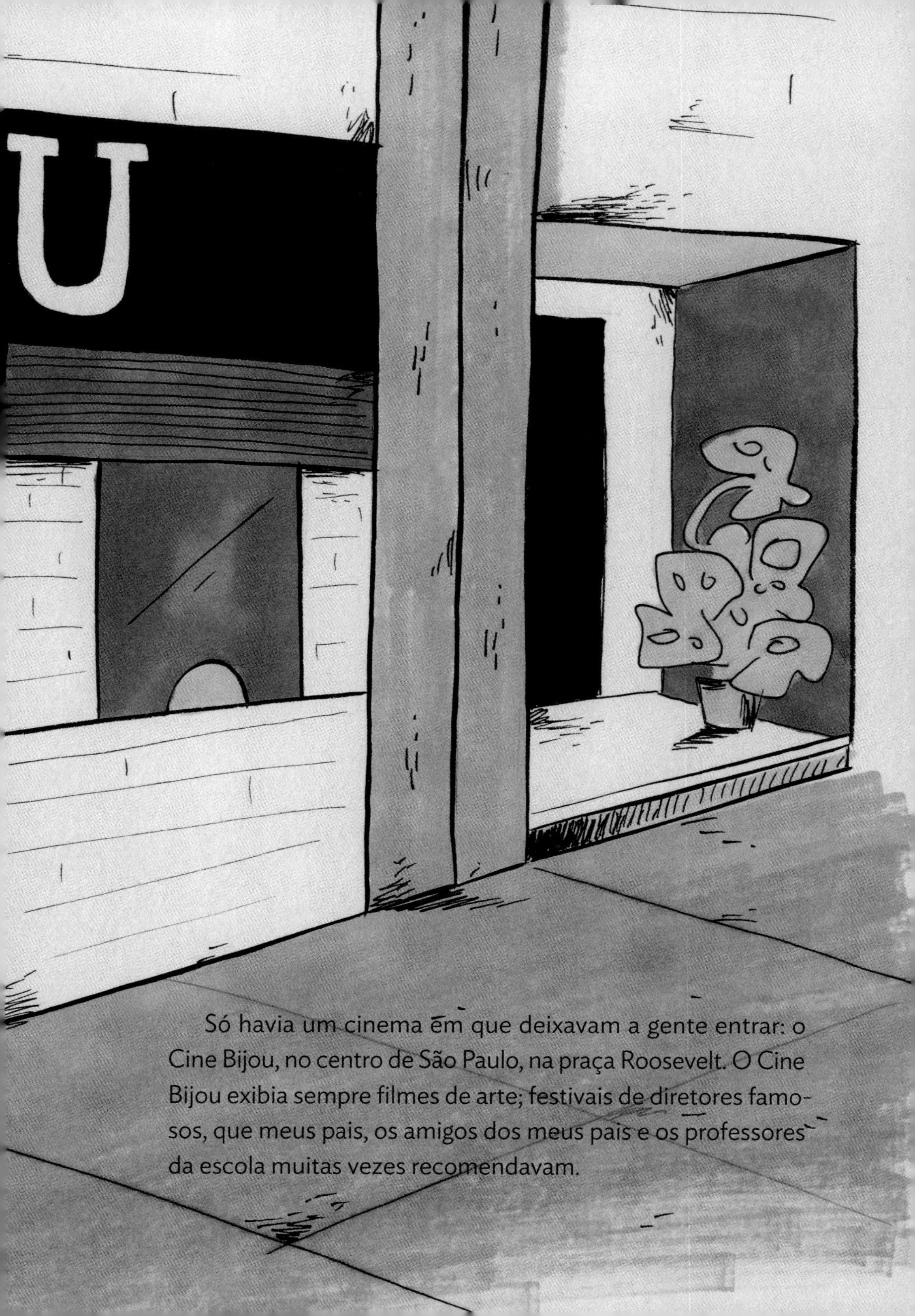
U

Só havia um cinema em que deixavam a gente entrar: o Cine Bijou, no centro de São Paulo, na praça Roosevelt. O Cine Bijou exibia sempre filmes de arte; festivais de diretores famosos, que meus pais, os amigos dos meus pais e os professores da escola muitas vezes recomendavam.

– Como? Você nunca viu nenhum filme do Visconti?
– ...
– Luchino Visconti, o grande diretor de cinema italiano?
– ...

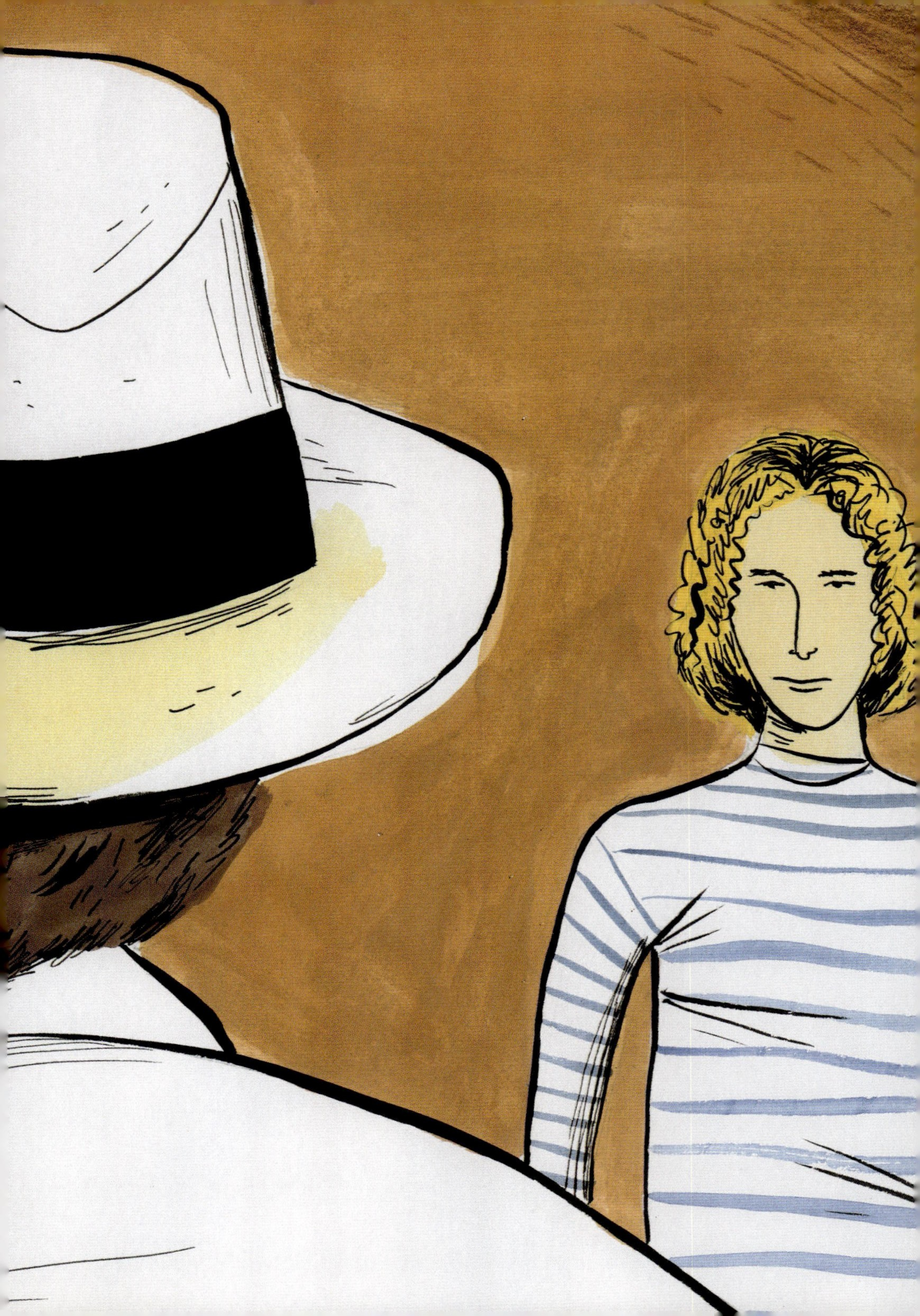

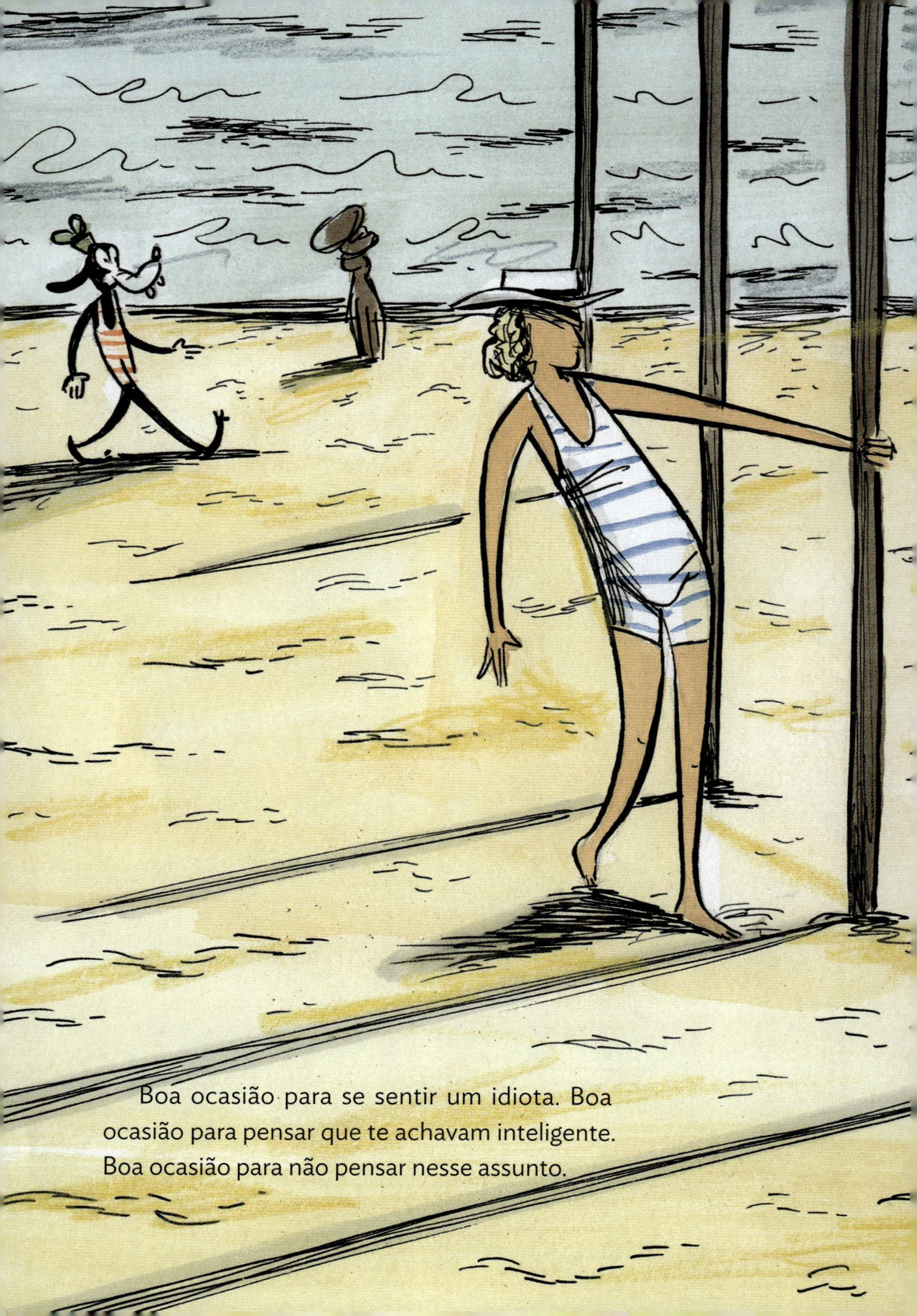

Boa ocasião para se sentir um idiota. Boa ocasião para pensar que te achavam inteligente. Boa ocasião para não pensar nesse assunto.

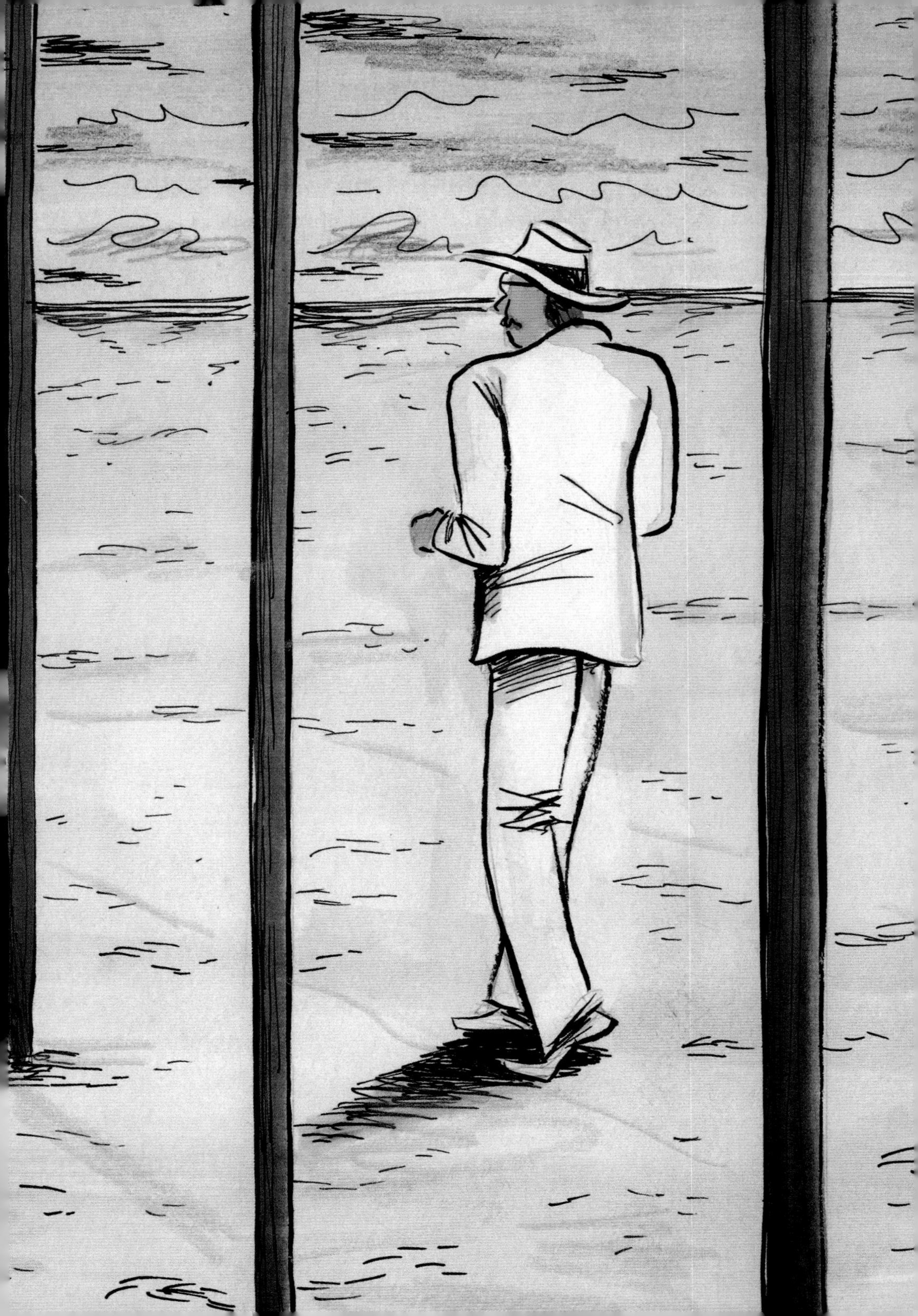

Não me lembro do primeiro filme para maiores de dezoito que vi. Acho que foi *Perdidos na noite*, a história de um rapaz meio ingênuo do Oeste que vai tentar a vida em Nova York, como garoto de programa. Um amigo tuberculoso e manco o acompanha em viagens de ônibus pelos Estados Unidos. A história acaba mal, como toda história adulta.

Lembro-me melhor do meu primeiro filme para maiores de catorze anos. Chamava-se *O mensageiro*. Assisti com uns dez ou onze, e essa era a idade do personagem principal. É um menino da Inglaterra, no começo do século xx, que leva

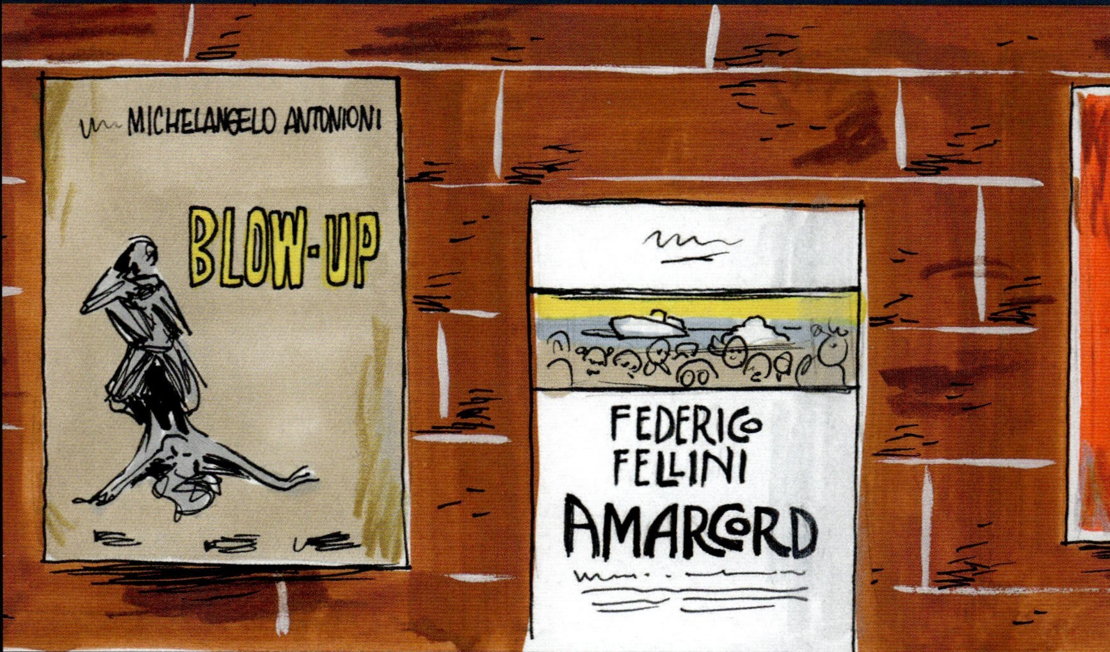

MICHELANGELO ANTONIONI
BLOW-UP
FEDERICO FELLINI
AMARCORD

cartas de uma moça para um sujeito, e as cartas de resposta que o sujeito escreve para a moça. Nenhum problema, exceto o óbvio: o cara era um jardineiro, e a moça era nobre, da família dos donos do castelo onde o jardineiro trabalhava. Dito assim, parece banal. Mas o garoto levava e trazia as cartas sem saber direito o que estava acontecendo entre os dois. E eu, como espectador, também não adivinhava muito: o mundo dos adultos, no filme, era fechado. Mundo em que moças tinham vontade de transar com jardineiros, e isso, claro, para os adultos, era coisa impensável; para as crianças, incompreensível.

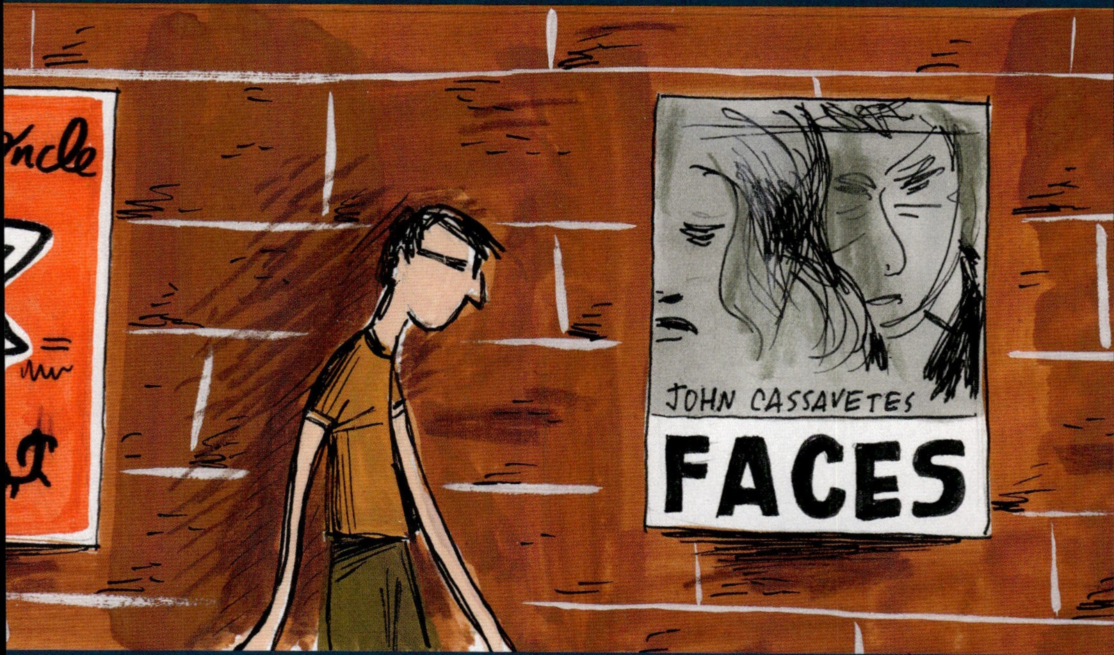
JOHN CASSAVETES
FACES

Mas esse filme eu não vi no Cine Bijou. Os que vi no Bijou eram ainda mais difíceis de entender. Um casal brigava interminavelmente numa úmida ilha norueguesa. O homem consertava o telhado da casa de madeira. A casa, pintada de marrom escuro ou de preto, parecia atrair todo tipo de nuvens. O homem deixa cair o martelo lá de cima. O fato assume uma importância transcendental. De repente, tudo para. A atriz aparece à frente de uma parede branca e, como se fosse uma entrevista, diz o que acha da personagem que ela mesma está interpretando. A história continua; a mulher tem um pesadelo, filmado em preto e branco, com um monte de velhos remando um barco. Os símbolos se acumulam como nuvens. Alguém lê uma carta. A câmera passa com rapidez entre as letras datilografadas da carta, filmadas muito de perto, como se não as conseguisse ler. Acabava o filme e, nessas horas, eu me sentia extremamente idiota.

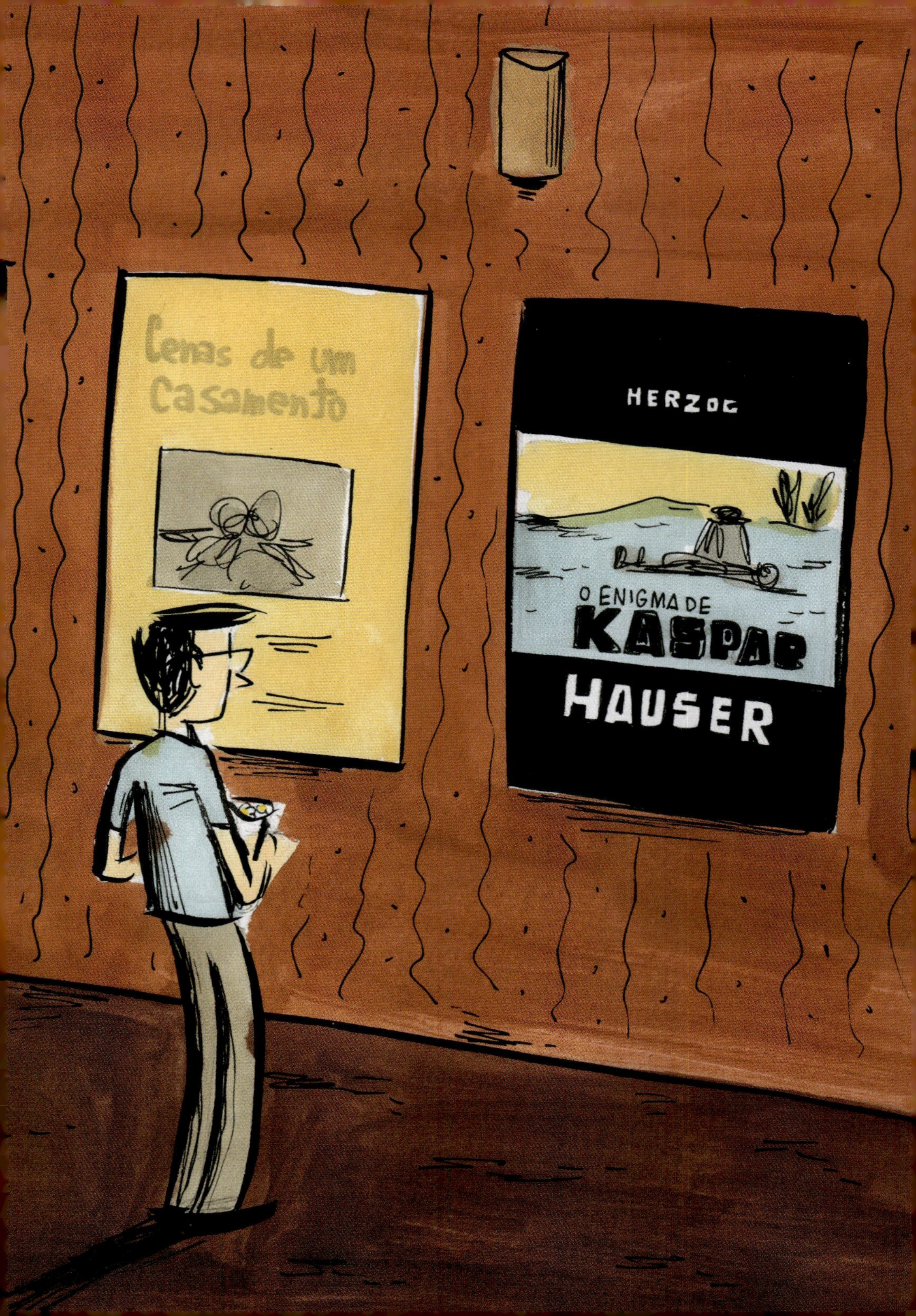
Cenas de um Casamento
HERZOG
O ENIGMA DE
KASPAR
HAUSER

Eu não tinha namorada. Mal sabia o que era não ter namorada. No colégio, havia meninas lindíssimas. Uma delas se chamava – não vou contar; ponho uma letra, digamos, N. Passei três anos sem lhe ter dito nenhuma palavra.

Uma vez, tive a chance. Ela chegou perto de mim e disse:
– Os seus pais não são amigos do Fulano de Tal?
– ...
– Sabe, porque o Fulano de Tal esteve em casa, e é amigo dos meus pais também.
– ...
– Ele falou que conhece um casal, e que esse casal tem um filho que estuda aqui no colégio...
– ...
– E esse filho, do jeito que eles falaram, achei que devia ser você.
– ...
A conversa parou por aí.

Idiota! Mil vezes idiota! – pensei. Poderia ao menos ter perguntado: o que é que tinham dito? De que maneira, pela descrição que haviam feito, ela ficou pensando que seria eu? Poderia ter perguntado qualquer coisa. O pior é que, se eu perguntasse, provavelmente ela responderia que não se lembrava. Pois seria extremamente tolo achar que a descrição que tinham feito de um garoto supostamente parecido comigo havia sido elogiosa. Ou, se tivesse sido elogiosa, seria tolo achar que ela, a menina, viesse para mim com a ideia de dizer que alguém me havia elogiado. Isso pareceria uma armação para puxar conversa comigo. E mesmo se ela quisesse puxar conversa comigo, não gostaria de parecer que aquilo era armação. Ora, com certeza ela não estava louca para puxar conversa comigo, de modo que não apenas aquilo não podia parecer armação como tampouco era armação de fato. A fala dela não fazia nenhum sentido.

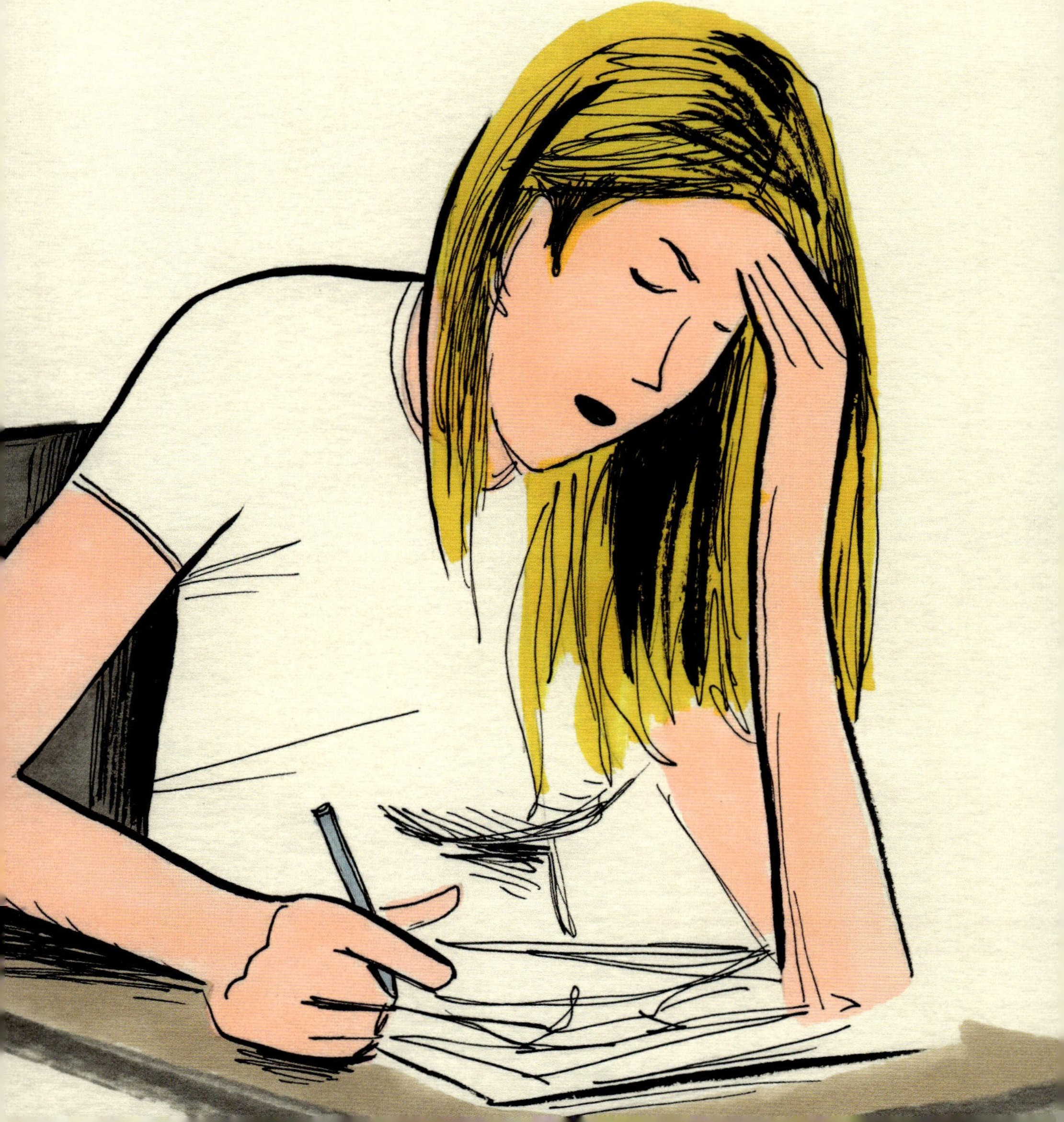

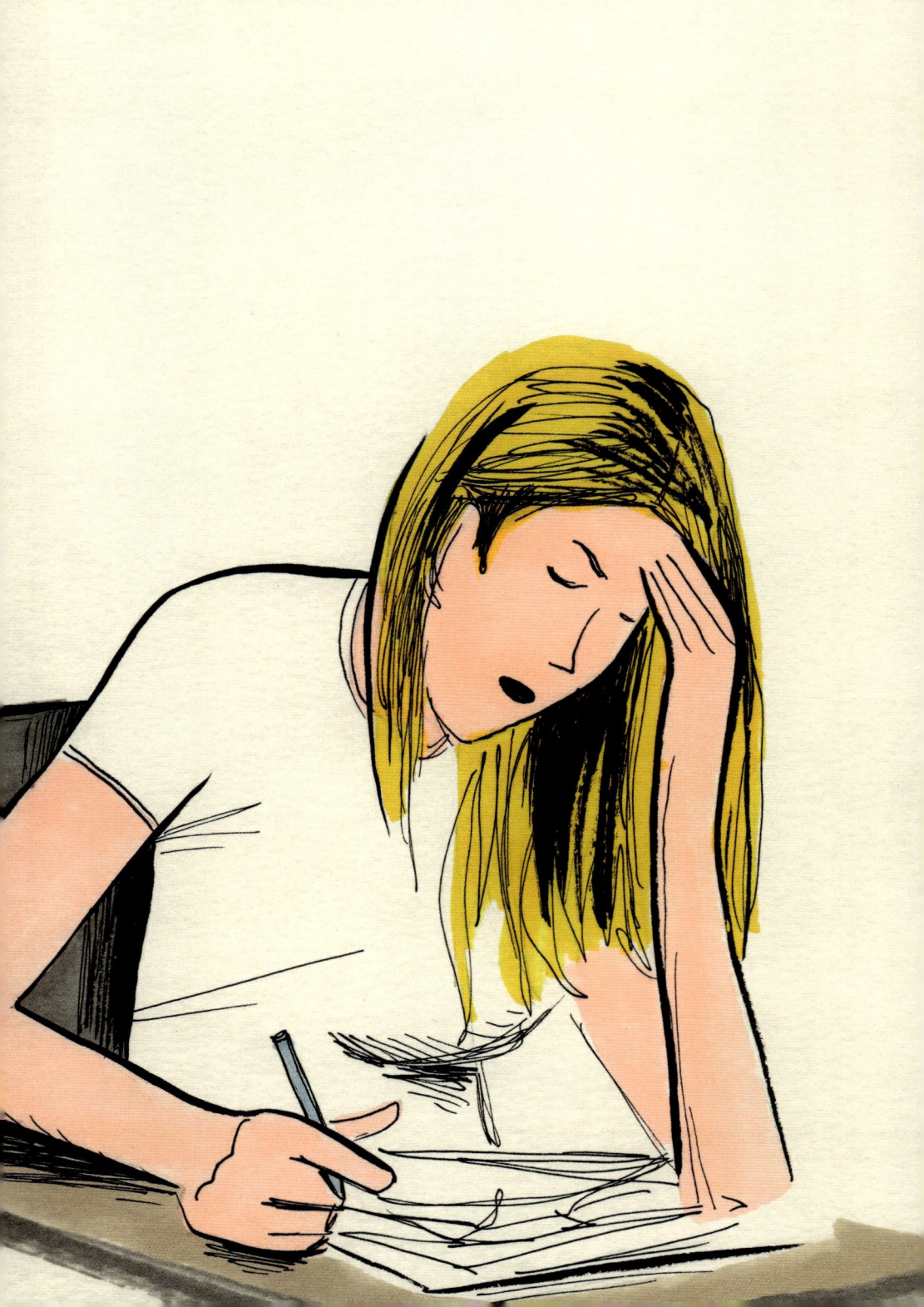

Prova de química na semana seguinte.

    Estávamos aprendendo dois tipos de ligações: as iônicas e as covalentes. As ligações iônicas eu entendia bem. Um elétron gira em torno do núcleo do átomo. Acontece que aquele átomo está cheio de elétrons. Tem elétrons a dar com o pau. Eis que passa ali perto outro átomo com um elétron a menos. O elétron que estava sobrando no átomo 1 entra na órbita do átomo 2. De alguma forma, os dois átomos se unem.

    Não deve ser bem isso. Mas a ligação covalente era ainda mais complicada. O elétron fica entre os dois átomos ao mesmo tempo: é "compartilhado" pelos dois, explicava a professora, desenhando na lousa uma espécie de anel entre os dois átomos.

    No dia da prova, a N. se sentou na carteira ao lado da minha. Fato inédito e excepcional. Ela nunca se aproximava da minha órbita. Fiquei nervoso. Todas as questões foram sobre ligações covalentes. Foi minha primeira nota vermelha, e não foi minha primeira namorada.

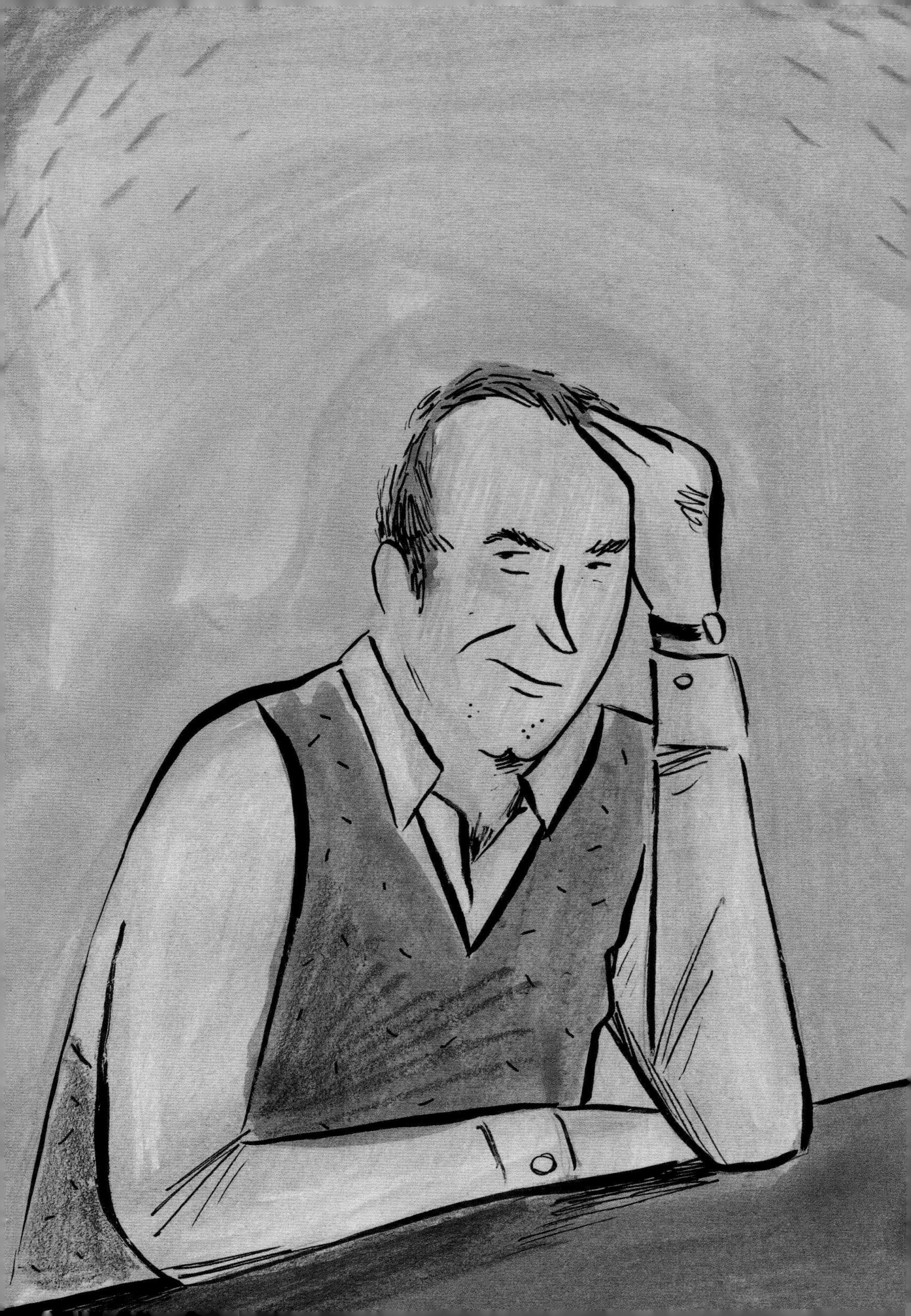

Continuei frequentando o Cine Bijou.

    Em 1975 a repressão política ainda era violentíssima. Foi a época em que mataram o jornalista Vladimir Herzog. Ele era do Partido Comunista Brasileiro. Foi preso num dia e no dia seguinte estava morto. Disseram que ele tinha se enforcado na cela. Mas todo mundo sabia que na verdade ele tinha sido torturado até a morte. Foi também naqueles dias da morte do Herzog que prenderam o nosso professor de geografia, o Mauro. Na escola, as pessoas comentavam: ele estava sendo torturado. Veio depois a notícia de que tinha sido solto; que não tinha denunciado ninguém, mesmo sob tortura; e que não voltaria a dar aulas para nós. Esse é o resumo da história.

Havia perto do cinema uma churrascaria meio ruim. Era um daqueles restaurantes antigos do centro. Eu e meu amigo Ricardo íamos lá depois do cinema. Encontramos o Mauro numa mesa. Ele estava conversando com um outro professor, o Fernando. Tinha sido preso também. Corria o boato de que ele não tinha aguentado a tortura e que fora ele quem dera o nome do Mauro para a polícia. Nossa escola era cheia de boatos.

No restaurante, o Mauro conversava longamente com o Fernando, até que nos viu. Levantou-se e veio nos cumprimentar. Parecia muito alegre. Queria mostrar que estava à vontade. Pegou uma batatinha frita do meu prato.

– E aí, tudo bem? Conversa difícil essa com o Fernando...

– ...

Ele sorriu. Não usava barba, mas tinha um bigode enorme de latino-americano.

– E vocês? Que é que andam fazendo? Vieram para um *dancing*?

– ?...

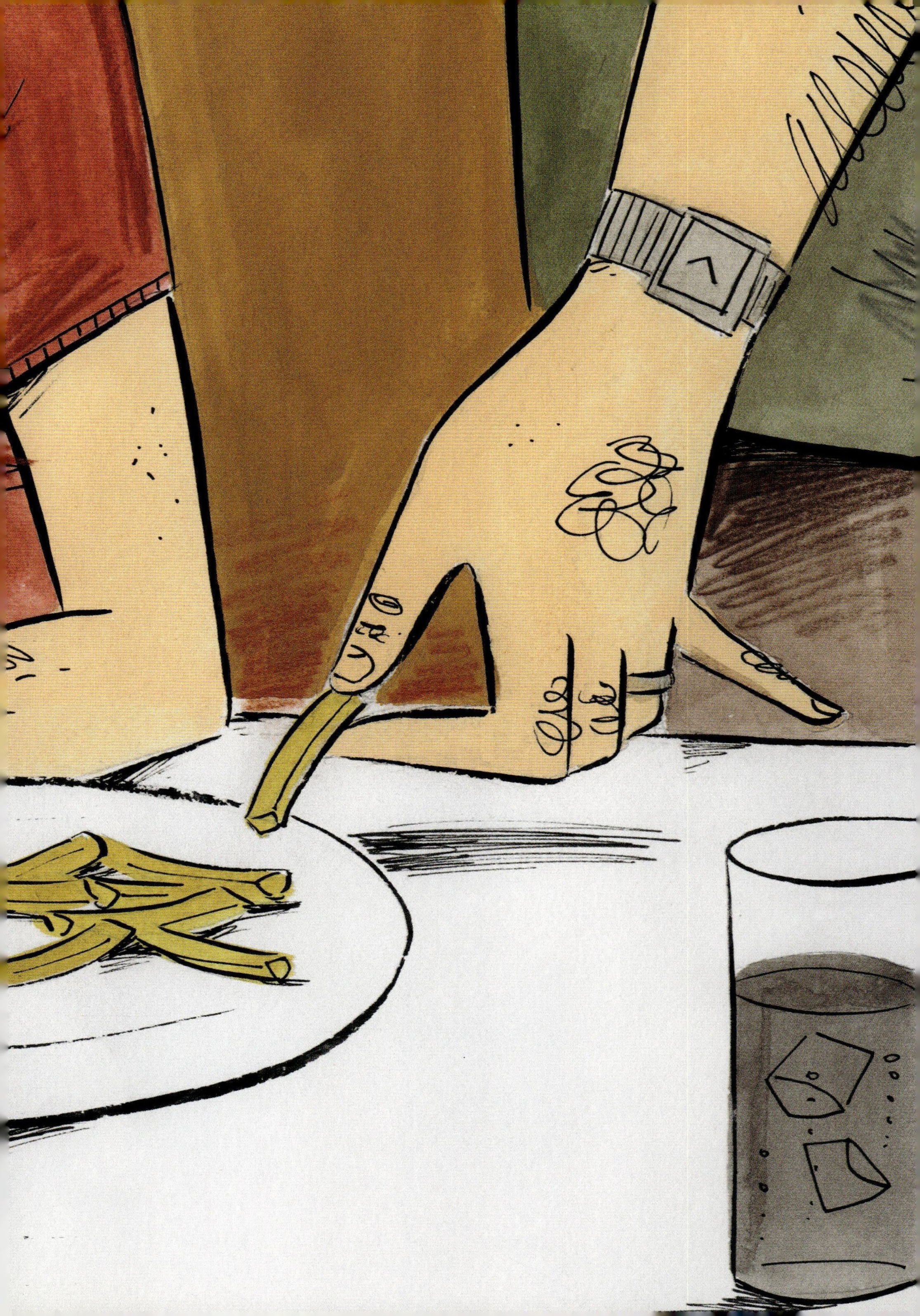

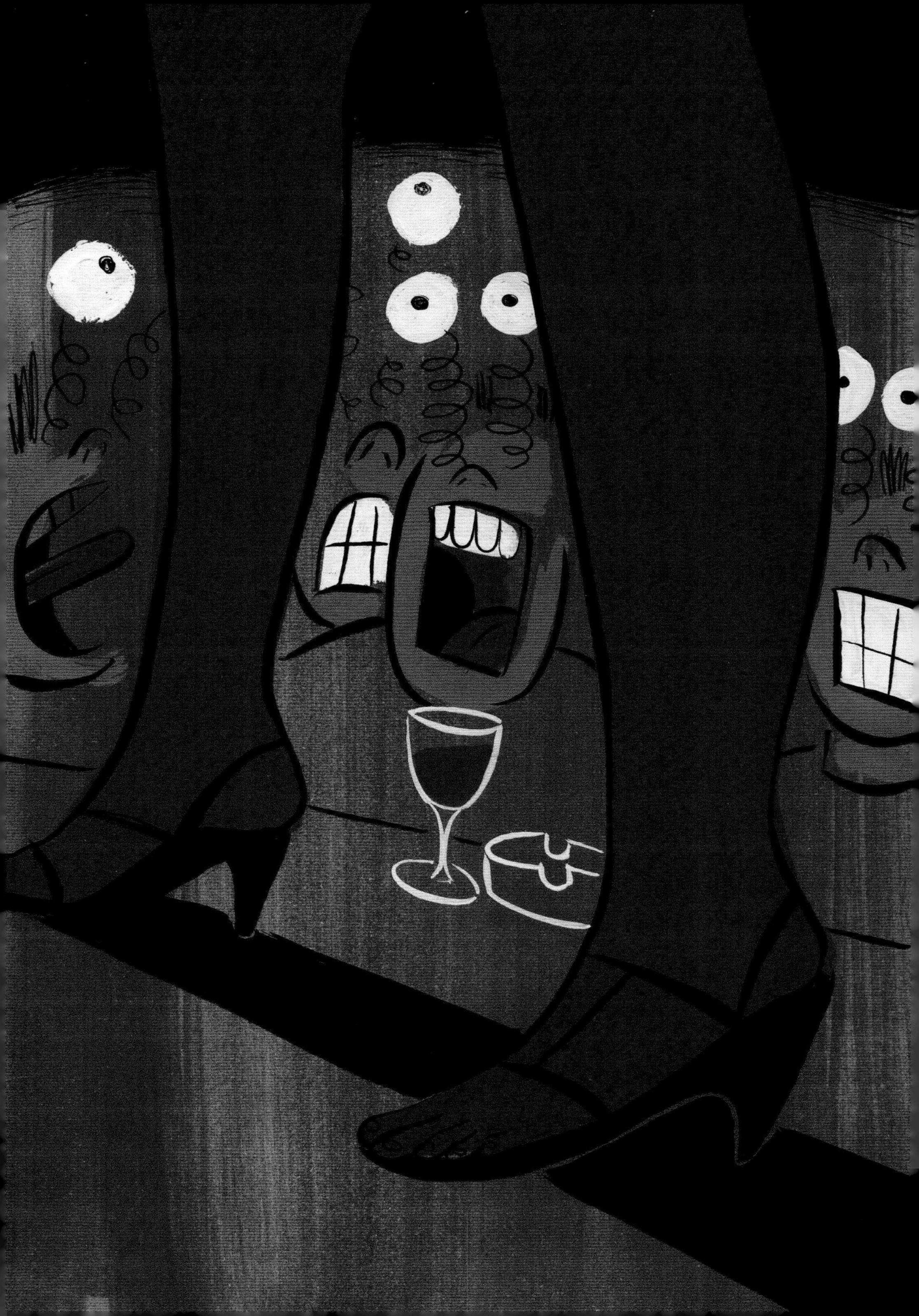

Eu, num *dancing*? Não, eu estava lá porque tinha ido ver filmes inteligentes no Cine Bijou. Mas é que entre a churrascaria e o Cine Bijou havia uma distância de mais ou menos um quarteirão e meio. Você caminhava ao longo daquela rua estreita e curva de um dos lados da praça Roosevelt, ia embicando sem querer em direção à esquerda e, antes de chegar ao restaurante, estava passando por uma das maiores concentrações de boates da cidade de São Paulo.

Boates? Digamos que sim. Os amigos mais espertos do que eu conheciam bem um lugar famoso, chamado Kilt.

– Você tem de ir lá, pô.

– ...

Eu achava errado procurar uma garota de programa. Eu tinha medo de procurar uma garota de programa.

– Mas você pensa o quê? Lá tem menininha do jeito que você quiser. Não é dessas piranhas. Menininha normal. Linda. O que você sempre quis, lá tem.

– ...

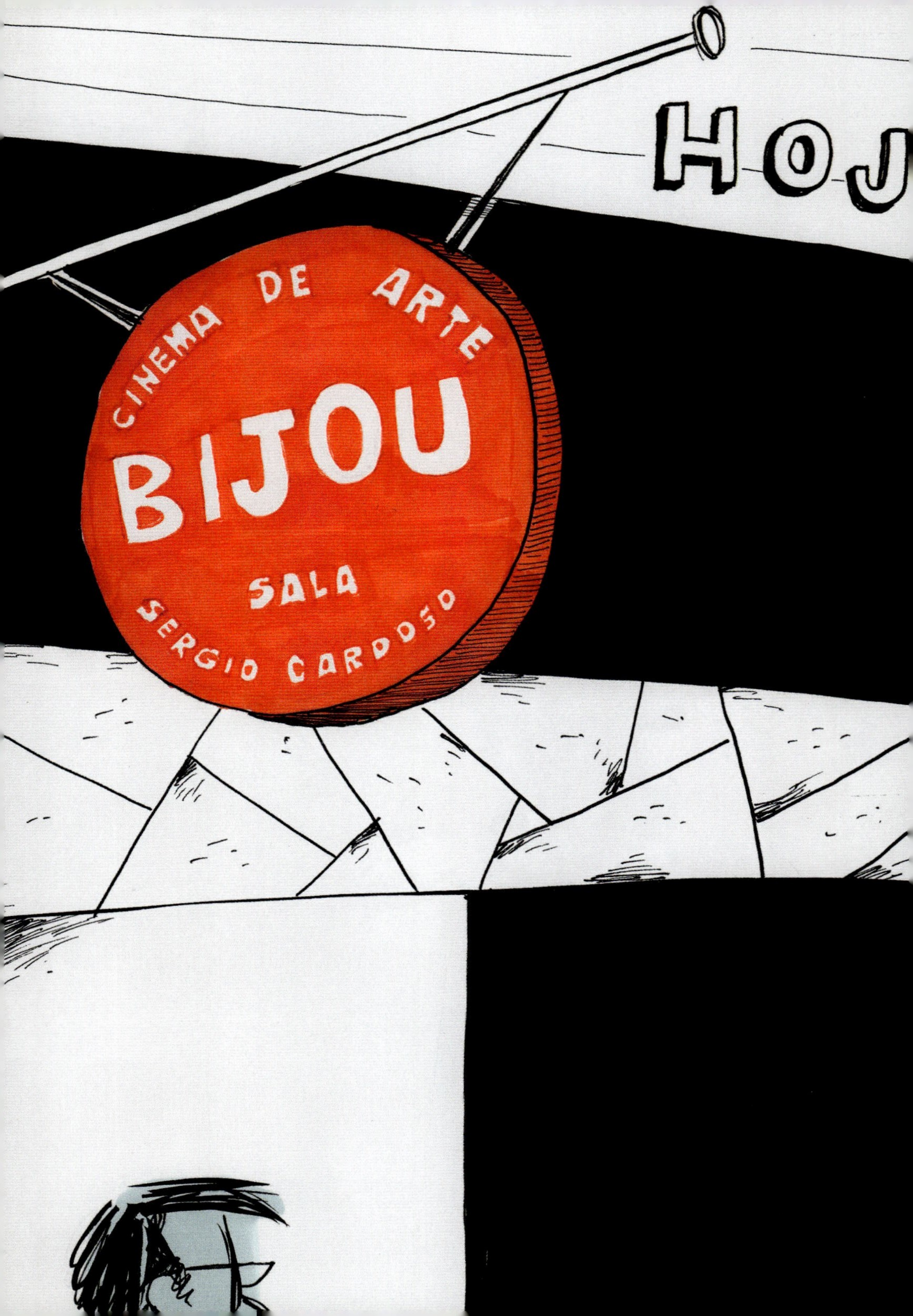
HOJ
CINEMA DE ARTE
BIJOU
SALA
SERGIO CARDOSO

Continuei frequentando o Cine Bijou.

Filmes sobre o início do fascismo italiano. Filmes sobre a decadência do fascismo italiano. Filmes sobre o auge do fascismo italiano. Filmes sem nada a ver com o fascismo italiano. Num outro filme, *Jules e Jim*, dois homens conviviam com a mesma mulher. Dois grandes amigos, passeando por Paris com a menina no meio. Ela era bonita. Usava um bonezinho xadrez. Resolvia se vestir de homem, pintando um bigodinho no rosto. Os amigos se separavam. Havia um silêncio enorme entre eles quando se encontravam de novo. Perto do final, um dos amigos entrava num calhambeque e caía de uma ponte, como se fosse uma cena de cinema mudo. Achei o filme bestíssimo. Não havia nem mesmo o que não entender naquele enredo.

Na saída do cinema, encontrei um casal amigo dos meus pais. Seria esse o casal que os pais da N. também conheciam? Nunca soube. Eles me cumprimentaram.

– E então, Marcelo, gostou do filme?

– ...

– Que diretor, não? Ele sabe mesmo contar uma história, não acha?

– ...

Contar uma história? Por que é que o diretor não saberia contar uma história? Ainda mais se é uma história que termina com o carro do personagem caindo do alto de uma ponte...

Eu continuava me achando muito inteligente.

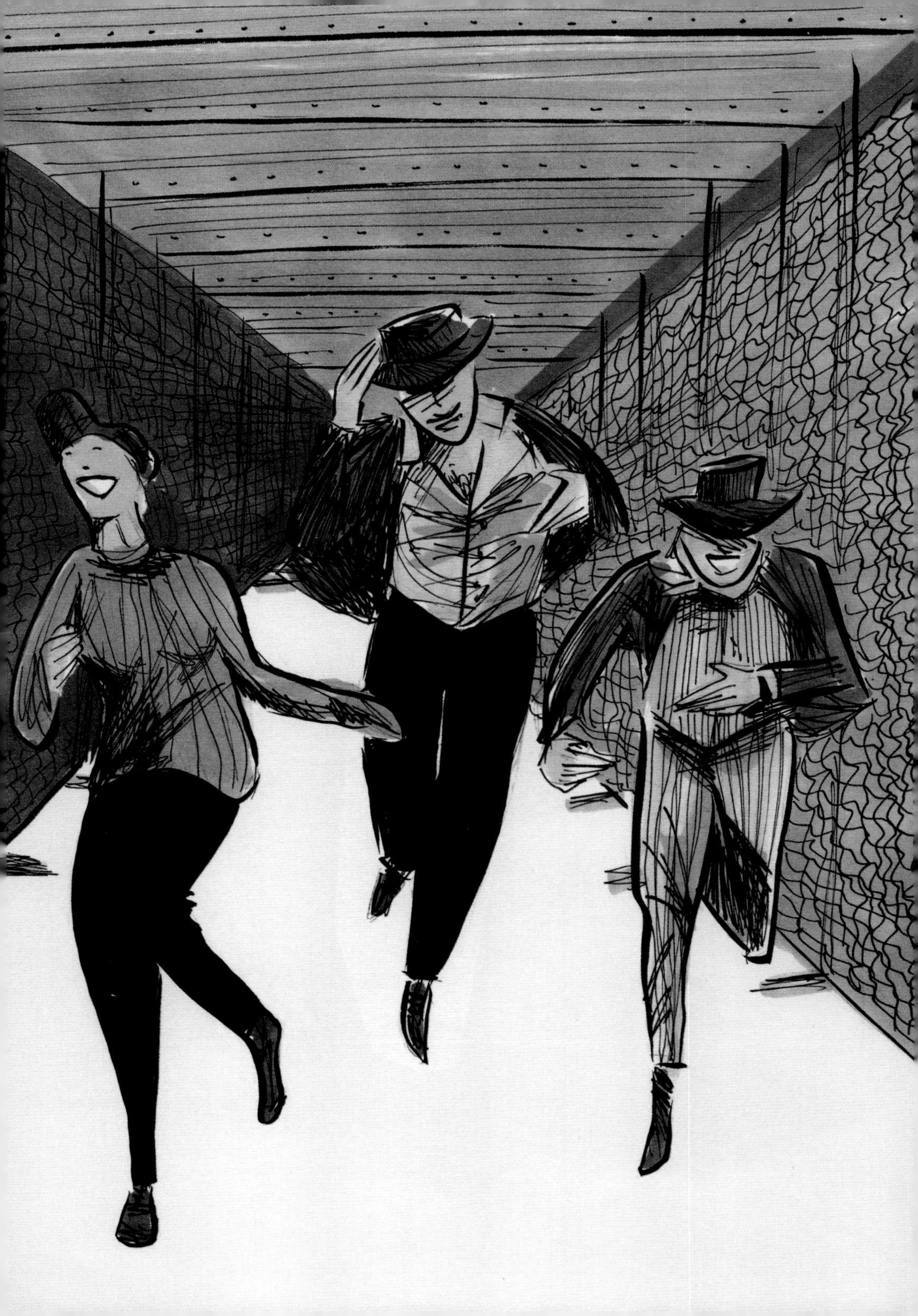

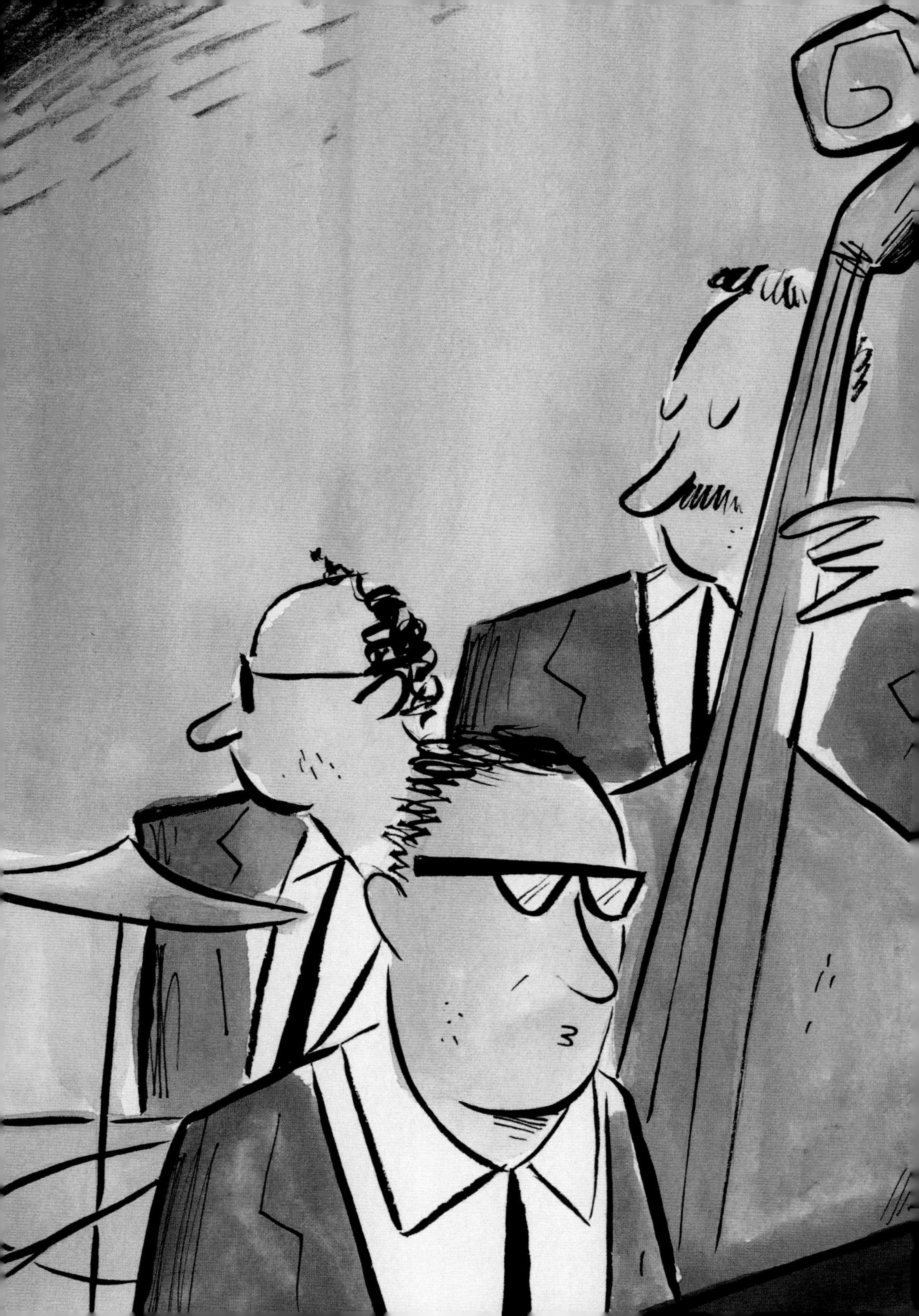

O casal se despediu de mim. Depois do filme francês, comida francesa: eles entraram num restaurante bem ali do lado. Chamava-se Baiúca. Ou seja, "lugar ruim", "muquifo". Pura ironia. Era um restaurante chique, caríssimo. Tinha sido, antigamente, uma boate também. Mas não como as boates que existiam na minha adolescência, que serviam para pegar garotas de programa. O Baiúca tinha sido uma boate do jeito antigo. Casais de namorados fumando e ouvindo música suave. Mesmo quando aquilo deixou de ser boate e virou restaurante, a música ao vivo continuou. Estava a cargo de um trio de jazz. Piano, bateria, contrabaixo. O Robledo Trio. O pianista Robledo devia ser muito velho. Com esse nome, ele já devia ter nascido velho. Dizer que ele tocava música ao vivo já era uma certa ironia. Quem ia ao Baiúca ouvir o Robledo estava se lembrando de um tempo que não existia mais; da São Paulo de 1940, não sei. Em 1975 o mundo tinha mudado muito.

Na mesma rua das boates existia um teatro, ou melhor, uma sala de concertos. Naquela época, todo grande pianista, toda grande orquestra, quando vinha a São Paulo, ou dava recitais no Teatro Municipal ou se apresentava lá, no Cultura Artística. Eu gostava de música clássica pelo mesmo motivo que não sabia dançar.

Eu andava sempre de guarda-chuva nessa época. Achava normalíssimo andar sempre de guarda-chuva, e não reparava que as pessoas reparavam nisso. Muito tempo depois, encontrei de novo o meu antigo professor Mauro. Ele me olhou, demorou um pouco para lembrar quem eu era, e perguntou:

– Ué... parou de usar guarda-chuva?

Eu tinha parado, mas não sabia que usava tanto assim.

O fato é que comecei também a frequentar o Cultura Artística. Uma noite, fui ver o concerto de um dos maiores pianistas do mundo. Era um pianista latino-americano, meio gordo, com bigode pintado de preto, muito simpático, e famoso por enfrentar sorrindo as peças mais difíceis do repertório clássico. Coisa assustadora: os estudos de Chopin, que já são bastante difíceis quando tocados com as duas mãos, ele tocava num arranjo só para a mão esquerda.

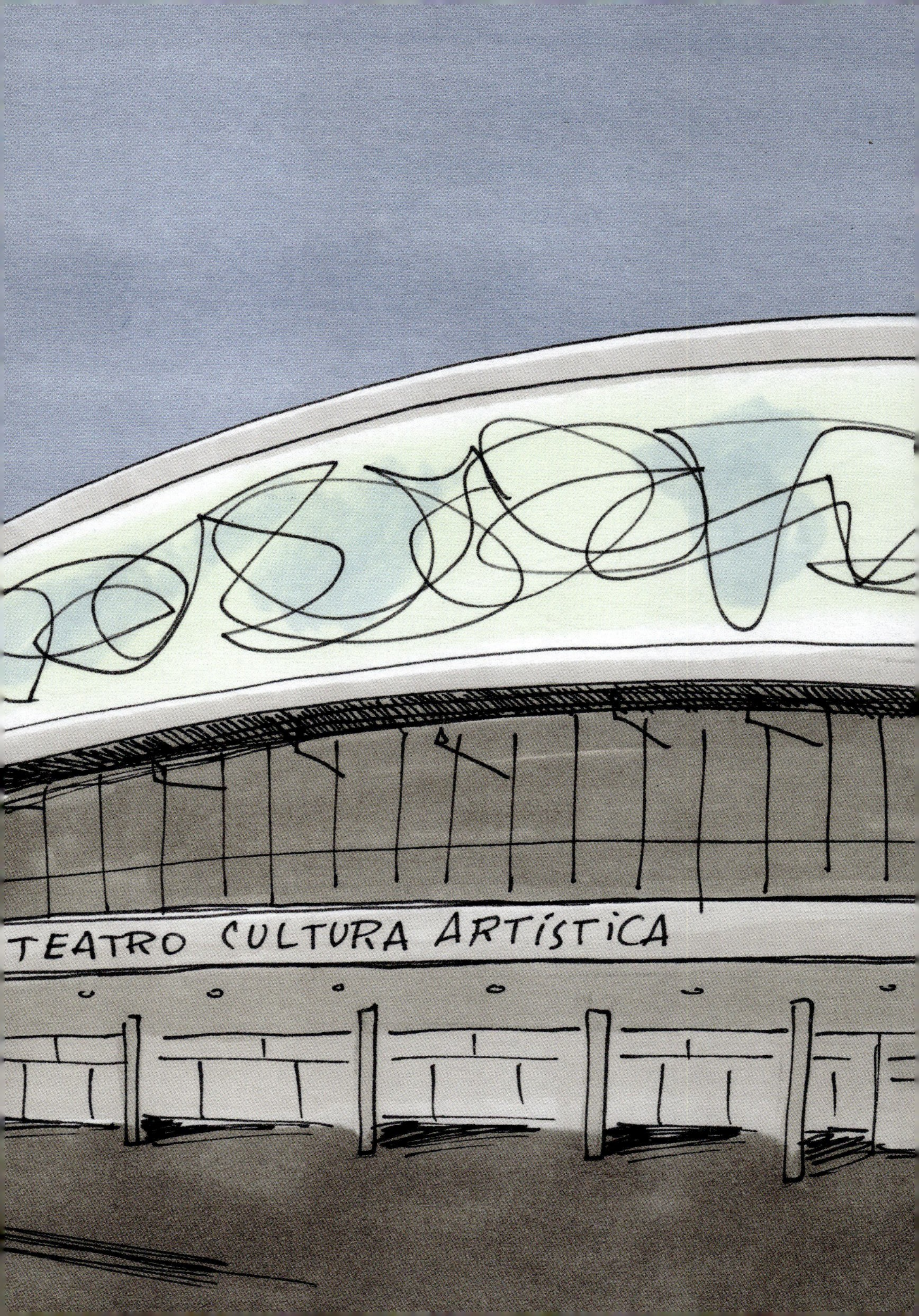
TEATRO CULTURA ARTÍSTICA

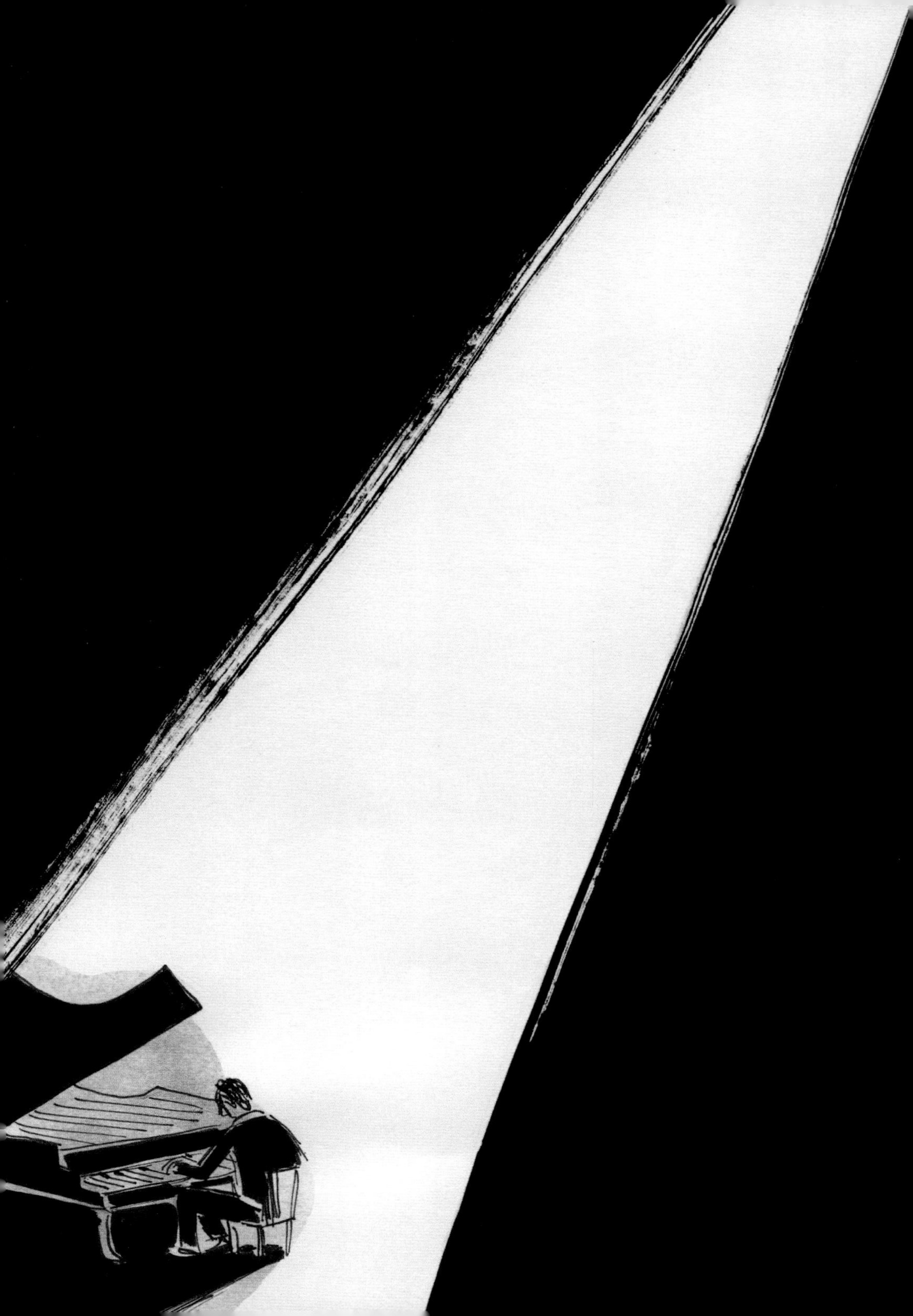

Tocou também uma obra não tão complicada, mas com certeza "pra gente grande", como se diz: o *Carnaval, Opus 9*, de Schumann. Claro que foi aplaudidíssimo. Aliás, sempre aplaudem nesses concertos. O pianista agradece, sai do palco, aplaudem mais, ele volta, depois sai do palco de novo, aplaudem mais, ele volta, enfim, é uma chatice, e por essas e por outras razões parei de ir a concertos. Ao meu lado, duas senhoras sorriam encantadas com o pianista. Ouvi o comentário delas:

– Delicioso o Schumann, não?

– Delicioso... Não era bem Schumann. Mas delicioso...

Não era Schumann? Isto é, era, mas não totalmente? Um Schumann falseado? Um Schumann fantasiado? O *Carnaval*, mas não o verdadeiro? O pianista inventava, distorcia, mudava as notas? Como saber?

Esqueci o meu guarda-chuva lá no teatro.

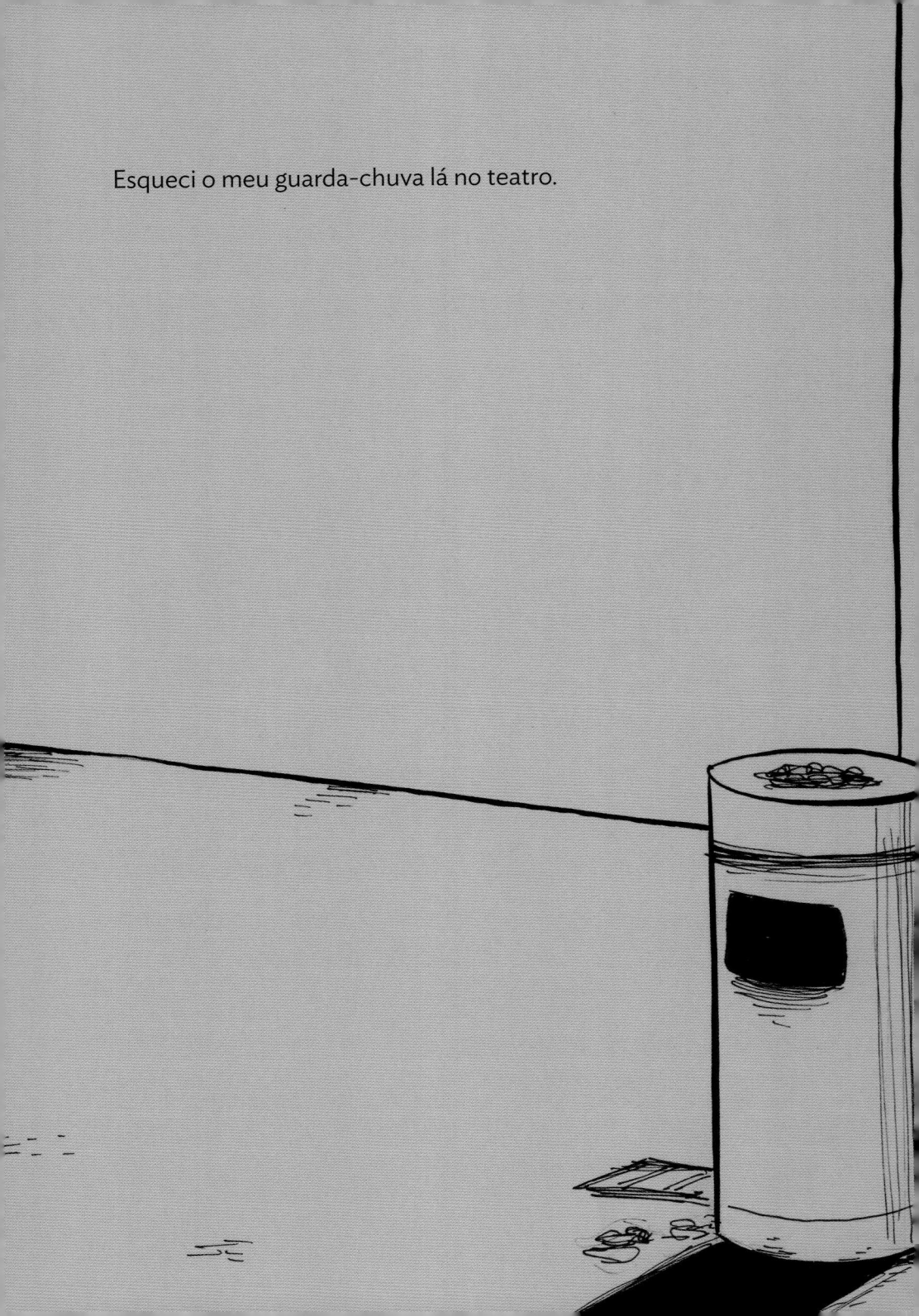

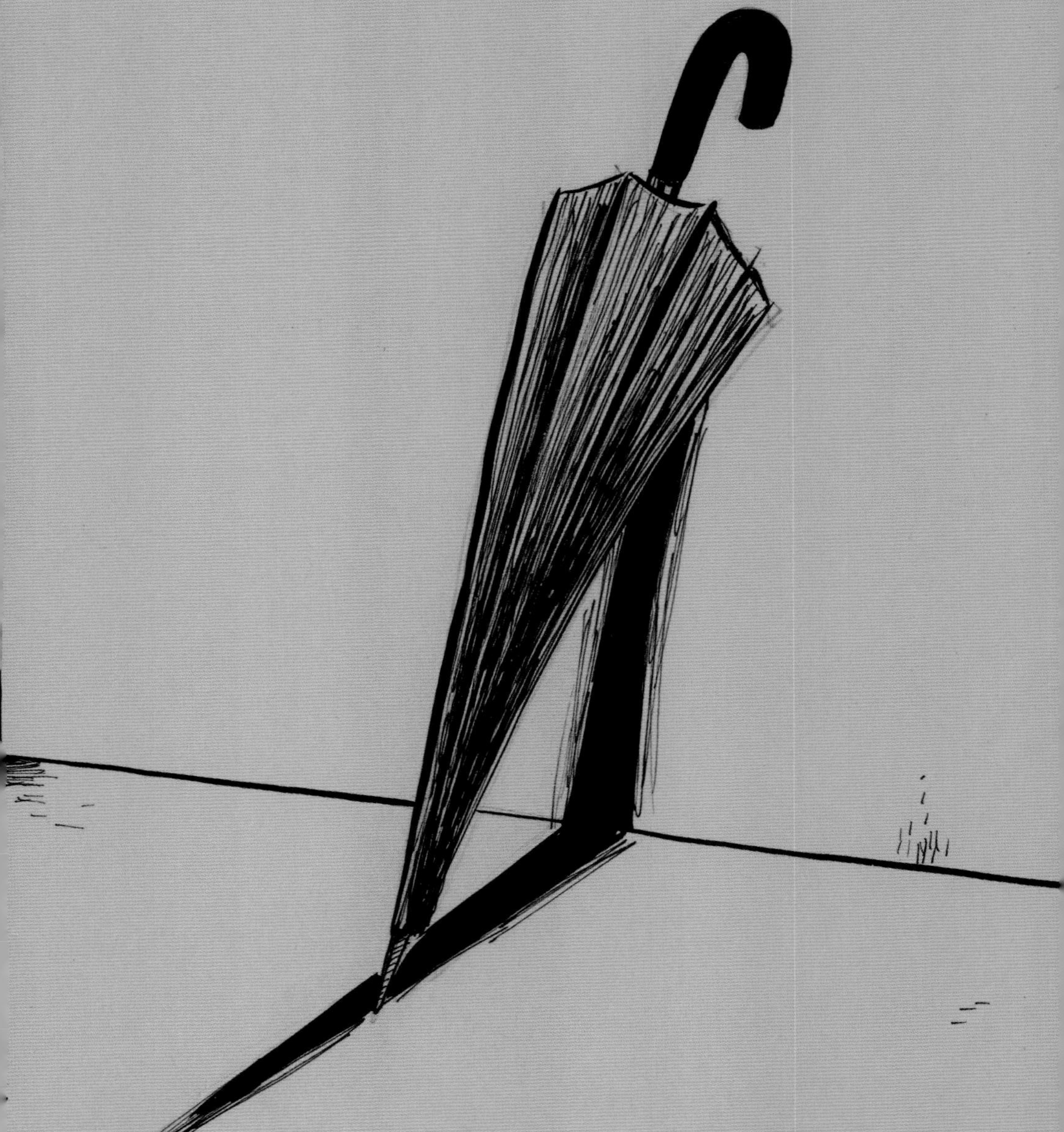

Voltei na noite seguinte para buscar. O teatro estava lotado. Mas já não era o pianista quem se apresentava. Era um show de música popular. Eu tentei falar com o porteiro, para que ele me entregasse o guarda-chuva. Mas ele estava ocupado em barrar os penetras. Fechou a porta de vidro.

Fiquei do lado de fora, tentando me comunicar com ele. Junto a mim, havia três mulheres. Também queriam entrar, faziam pressão para ver o show, mas estavam sem ingresso. Duas delas eram mulheres altas, de cabelo pintado de loiro, botas, casaco preto.

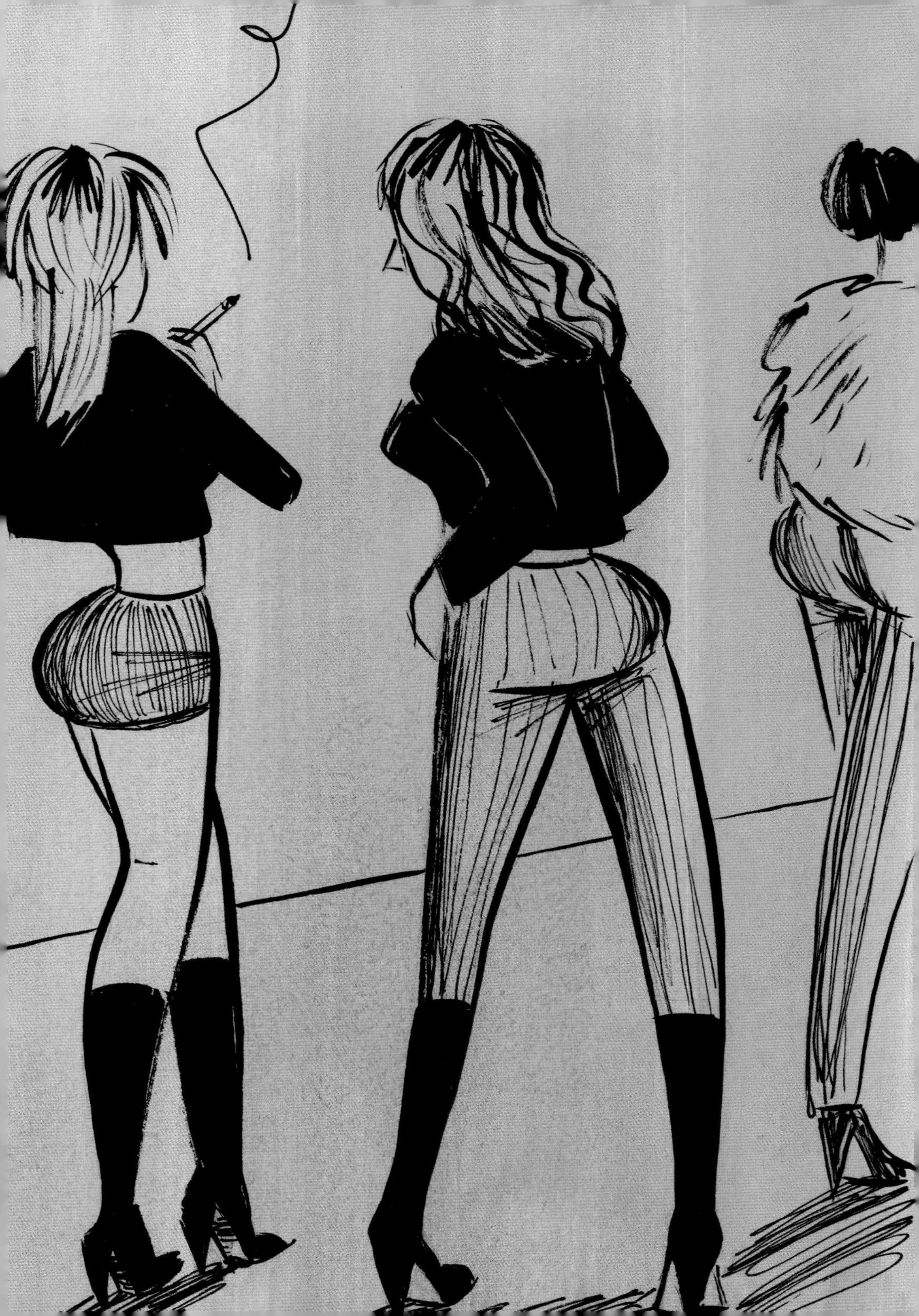

Mas a terceira era magrinha, quase seca; usava uma roupa justa e ao mesmo tempo folgada, a bunda empinada, e um pulôver que parecia de menino, além de outros detalhes que me chamaram a atenção. Ela tinha uma pequena pinta no canto esquerdo da boca, que dava a todo o rosto um ar de ironia, de provocação. O cabelo era preto e curto, mas cheio, fazendo cachos, como se os cachos tivessem sido cortados rente; e escondendo um pouco o cabelo havia uma boina de feltro: o conjunto todo provocante, moreno, meio andrógino. Seria uma daquelas meninas do Kilt?

O porteiro já não nos ouvia através da porta de vidro; achei melhor ir embora, voltar no dia seguinte para pegar meu guarda-chuva. Fui saindo de lá sem perceber que a menina de boina caminhava atrás de mim. Ela me deu um encontrão; virei-me para vê-la. Ela quase sorriu. Mas continuou andando, em direção ao Kilt. Ela era mesmo de lá? Estava dizendo para eu ir atrás dela?

Um ou dois meses depois, fui a uma festa. Era aniversário de uma amiga muito rica. Um jardim enorme, piscina, garçons. Lá longe, sentada, fumando, com duas amigas, estava uma menina com uma pinta no canto esquerdo da boca. Seria a mesma? O cabelo cacheado e curto. Olhei para ela. Ela me encarou com uma expressão no rosto que não era sorriso nem deixava de ser. Não aguentei o olhar dela.

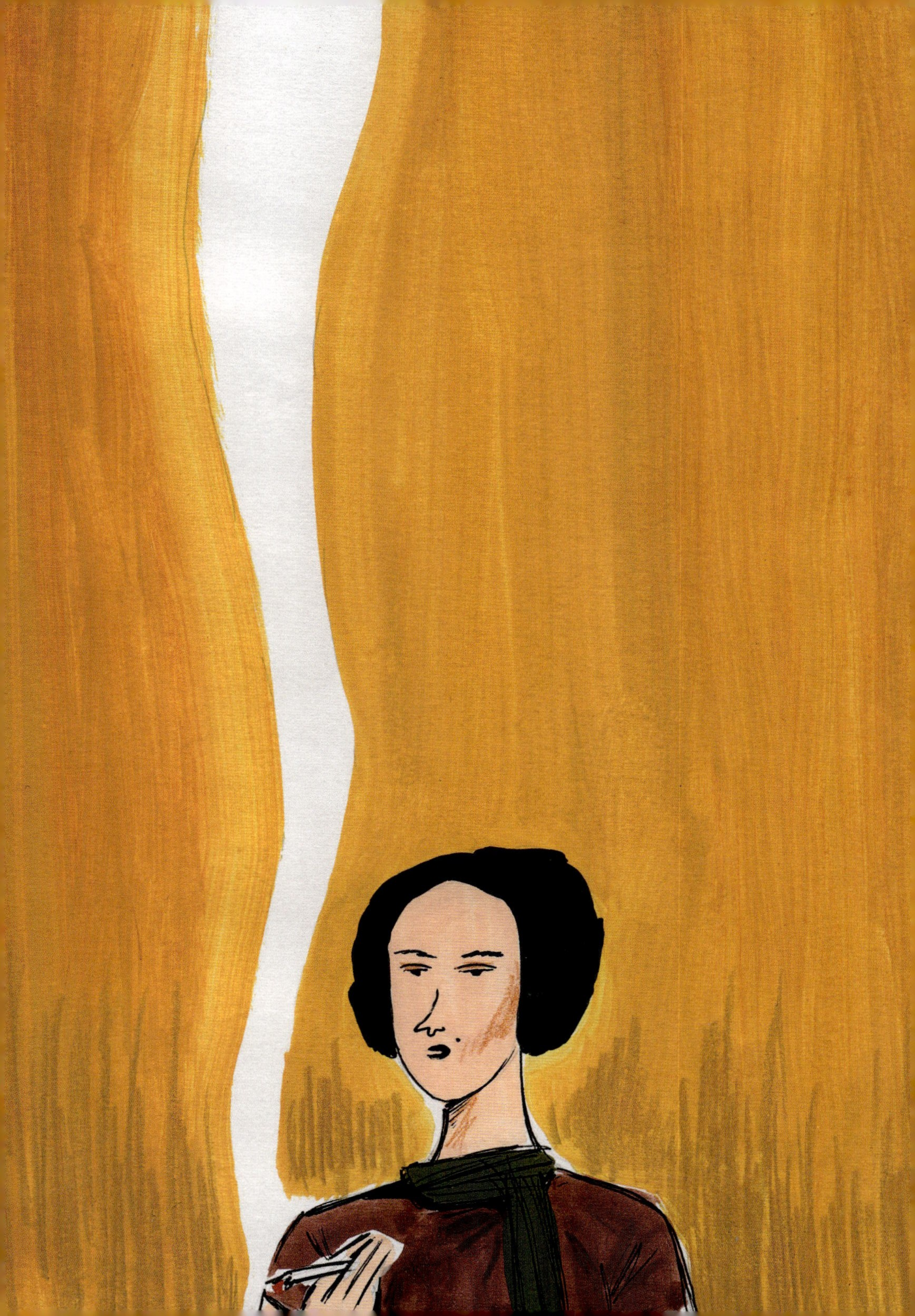

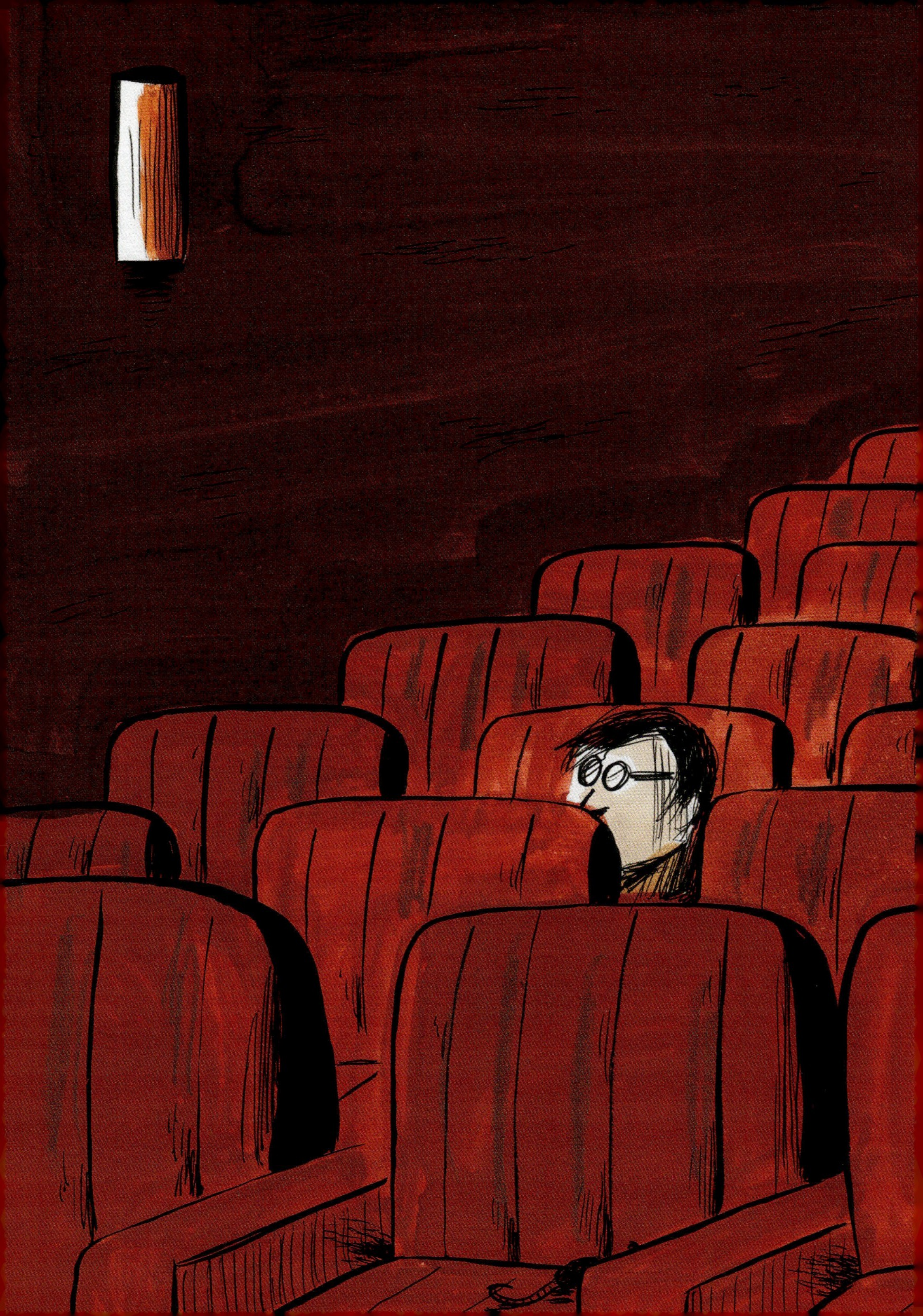

Vi ainda muitos filmes no Cine Bijou.

O cinema foi aos poucos entrando em total decadência. Meu amigo Ricardo contou ter visto uma ratazana enorme correndo entre as poltronas.

A ditadura acabou.

O último filme que vi lá mostrava uma jovem alemã ou polonesa, com longo vestido florido, no verão, dançando com soldados americanos, provavelmente depois da Segunda Guerra Mundial.

Naquele dia, eu iria me encontrar com uma garota num prédio ali perto. Precisava fazer hora até ir ao apartamento dela. Entrei no cinema. Na tela, a moça dançava e dançava. Não fiquei até o fim.

O Cine Bijou foi fechado tempos depois. Muitos filmes, de algum modo, continuam passando lá.

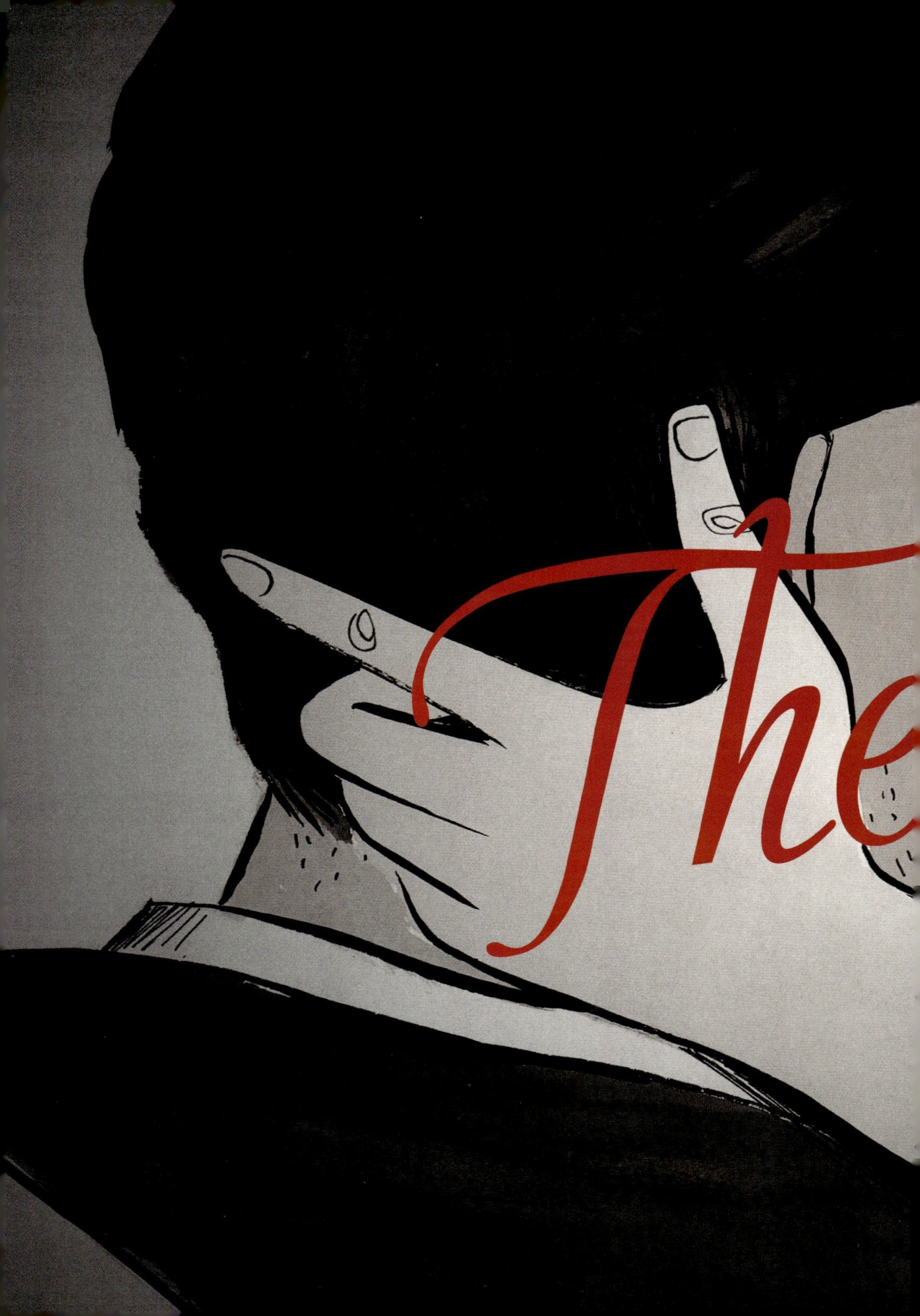
The

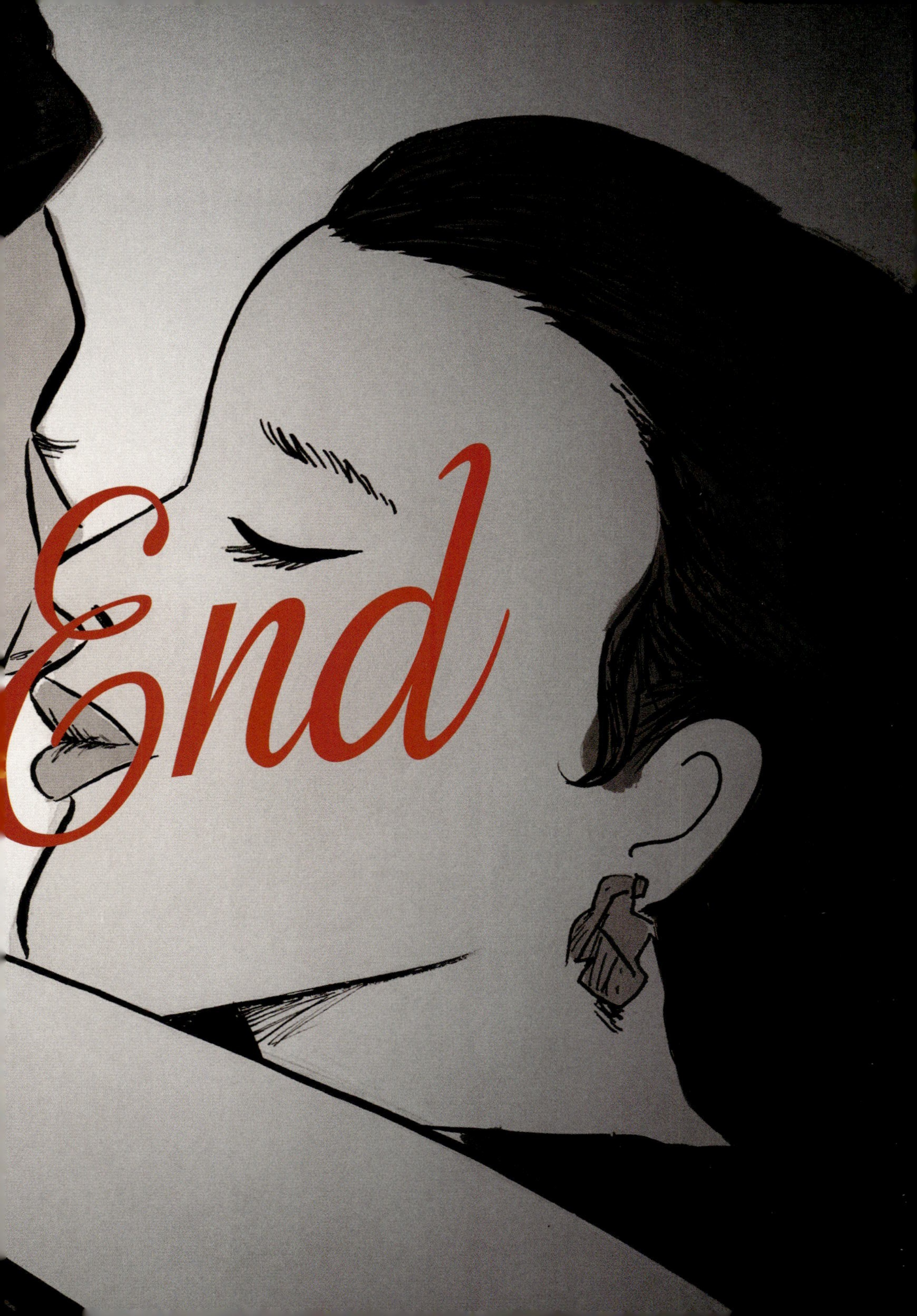
End

Marcelo Coelho nasceu em São Paulo, em 1959. Formado pela Universidade de São Paulo (USP) em ciências sociais, é mestre em sociologia pela mesma instituição. Ensaísta, escritor e jornalista – dedicado sobretudo à área de cultura –, é crítico de cinema e membro do conselho editorial da *Folha de S. Paulo*, na qual assina semanalmente uma coluna no caderno Ilustrada, desde 1990. *Tempo medido* (Publifolha, 2007) reúne suas melhores crônicas publicadas no jornal. Traduziu obras de Voltaire e Paul Valéry e escreveu dois livros de ficção, *Noturno* (Iluminuras, 1992) e *Jantando com Melvin* (Imago, 1998). É autor ainda dos infantis *A professora de desenho e outras histórias* (1995) e *Minhas férias* (1999), ambos publicados pela Cia das Letrinhas.

Caco Galhardo nasceu em São Paulo, em 1967. Formado em comunicação pela FAAP, iniciou sua carreira como cartunista na década de 1980. É autor dos livros *O banquete – As gostosas de Caco Galhardo* (Barracuda, 2004), em parceria com o escritor Marcelo Mirisola, *Dom Quixote em Quadrinhos* (2005), *Crésh* (2007) – ambos publicados pela editora Peirópolis – e *Bilo* (Girafinha, 2008). Suas tirinhas podem ser vistas regularmente na *Folha de S. Paulo*.

Para criar as ilustrações deste *Cine Bijou*, Caco recuperou cartazes de filmes clássicos, como *Laranja mecânica*, de Stanley Kubrick, e *O último tango em Paris*, de Bernardo Bertolucci, além de cenas marcantes como as de *Morte em Veneza*, de Luchino Visconti, e *Os amantes de Maria*, de Andrey Konchalovsky, a imagem que fecha a edição. A capa foi inspirada em *Viver a vida*, de Jean-Luc Godard. O artista trabalhou ainda com referências fotográficas de época para desenhar lugares e pessoas, como o Cine Bijou e o teatro Cultura Artística, e o jornalista Vladimir Herzog.

SERVIÇO SOCIAL DO COMÉRCIO
Administração Regional no Estado de São Paulo

presidente do conselho regional ABRAM SZAJMAN

diretor regional DANILO SANTOS DE MIRANDA

Edições SESC SP

conselho editorial IVAN GIANNINI, JOEL NAIMAYER PADULA, LUIZ DEOCLÉCIO MASSARO GALINA e SÉRGIO JOSÉ BATTISTELLI

gerente MARCOS LEPISCOPO
gerente adjunta ÉVELIM LÚCIA MORAES
coordenação editorial CLÍVIA RAMIRO
produção editorial ANA CRISTINA PINHO
colaboradores MARTA COLABONE, HÉLCIO MAGALHÃES e FABIO PINOTTI

Dados Internacionais de Catalogação na Publicação (CIP)
(Câmara Brasileira do Livro, SP, Brasil)

Coelho, Marcelo [1959-]
    Cine Bijou: Marcelo Coelho
    Ilustrações: Caco Galhardo
    São Paulo: Cosac Naify / Edições SESC SP, 2012
    64 pp., 34 ils.

    ISBN 978-85-7503-716-4 (Coleção Ópera Urbana)
    ISBN 978-85-405-0253-6 (Cosac Naify)
    ISBN 978-85-7995-049-0 (Edições SESC SP)

1. Literatura infantojuvenil I. Galhardo, Caco II. Título

12-12204   CDD 028.5

Índices para catálogo sistemático:
1. Literatura infantojuvenil 028.5
2. Literatura juvenil 028.5

Edições SESC SP
av. Álvaro Ramos, 991
03331-000 São Paulo SP
[55 11] 2607 8000
edicoes@edicoes.sescsp.org.br
sescsp.org.br